汪洋萍著

文學叢刊之一二六

友情交響

文史哲出版社印行

國家圖書館出版品預行編目資料

友情交響 / 汪洋萍著. -- 初版. -- 臺北市：文史哲, 民 90
面： 公分. -- (文學叢刊; 126)
ISBN 957-549-373-7(平裝)

855 90011169

文學叢刊 ⑫⑥

友情交響

著者：汪洋萍
出版者：文史哲出版社
登記證字號：行政院新聞局版臺業字五三三七號
發行人：彭正雄
發行所：文史哲出版社
印刷者：文史哲出版社
臺北市羅斯福路一段七十二巷四號
郵政劃撥帳號：一六一八〇一七五
電話 886-2-23511028・傳真 886-2-23965656
實價新臺幣二〇〇元
中華民國九十年七月初版

ISBN 957-549-373-7

自序

我歷任軍、公、教職四十餘年，屆齡退休，遷居臺北縣鶯歌鎮，環境清幽，陶藝業發達，臺灣有景德鎮之稱。距我家三百多公尺的「林長壽紀念圖書館」，有全國各大報及著明期刊百餘種，藏書豐富，是我休閒閱讀的好去處。子女各自立業成家。老伴年輕我十多歲，有份勞動健身的工作，早出晚歸。我過著安適自在的生活。

雖然沒有職務在身，沒有家庭負擔，我總覺得，自己支領國家退休俸，有一份國民應負的責任與義務，不能虛度歲月。我身體尚健，一面自修習作，一面參加文藝及社團活動，以增長見聞。九年來出版了五本詩文集，是我心靈的吶喊，步履的足音。

兩年前，我又將近期在詩刊、報章雜誌發表過及未曾發表的詩文作品加以整理，原擬出版一本詩文合集，卻因故一再延宕，作品愈積愈多，曾改編為詩集與文集兩本，隨即又獲浪波先生惠賜《文譚百題》詩文評論集，我邊讀邊寫心得。我讀完那百篇精美短文，也寫了百篇讀後感。於是，我編為《心橋足音》詩集、《鄉居散記》及《友情交響》文集，三本書同時出版。用同一〈自序〉，向讀者諸君傾吐我的心聲。我寫詩為文，是陳述我的真情實感，不是虛擬故事。我生長在貧苦家庭，少年失學，從事勞苦工作，生活艱困，又久經戰亂，看盡人間悲劇。我在生命旅程中體驗人生，觀察社會現象；從自修閱讀中探索歷史的演進，及宇宙的奧秘。

我的詩文是眼見世界人類，在加速奔向未來的途程中，險象環生，觸景生情的思維片段。是寫給社會大眾看的，希望與讀者作心靈溝通，獲得認同，以促使沉迷虛幻夢境者，回到現實人生，發揮智慧，付出心力，共同創造更美好的生活環境，及美好的人類世界。

我的這些詩文裡，沒有驚人之語，迷人之言及虛幻浪漫的情境，抒情敘事，直陳心意。審度當下的社會文化及文壇風氣，恐難獲不食人間煙火的詩文名家青睞；又趕不上潮流，不合新新人類的口味。僅管如此，我仍鼓足勇氣，將之結集問世，聊盡我的本分，以求心安。我也信心滿滿地認為，在這廣大的社會裡，不乏我的知音，一旦相遇，即可引起共鳴。在黃昏晚景稍縱即失的時刻，我肆無忌憚，將心思盡情傾吐，尋求知音！

當下詩文創作，流行突破與創新，求新求變之風銳不可當，詩壇尤甚。為了獨領風騷，各出奇招，相互較勁，以爭取桂冠榮銜，或為譁眾取寵，以博時譽。有些名詩人，將這一連串的競技過程，稱之為「玩詩」。其實，詩與文都不是玩的；而是表情達意尋求共識的媒介，溝通人際關係的橋樑，調和人際關係的潤滑劑，紀錄歷史流程的真象，以促進社會文明進步，達到和平安樂的理想。

回顧人類的生存發展史，詩與文均未發揮其應有的功能。詩文未收到精神食糧的最大效益，是詩人作家未盡到做人類靈魂工程師的職責。舞文弄墨者，玩詩文自娛以愚人，今甚於昔。如有權勢者，玩世自欺欺人：神權時代玩神權，君權時代玩君權，民權時代玩民權，資本主義玩財富，共產主義玩魔術。玩得遍地血腥，人性泯滅，危機四伏。有些詩人作家，被那些玩家，玩於掌股間，拿筆桿當槍桿，為當權者衝鋒陷陣，最後成了獨裁者的刀下冤魂。

人類從上古的洪荒原野，邁入文明世界的科技時代，不是玩出來的，而是務本求實的歷代祖先，竭盡智能創造出來，擇善固執世代傳承，一步步走出來的！以往那些玩家的浮光掠影，已煙消雲散了無痕跡。當今的玩家，在玩詩文，玩權術，玩科技，玩鬼神，玩得走火入魔，玩出一片亂象、險象，使芸芸眾生人心惶惶，憂心忡忡，已有億萬無辜蒼生死於玩家魔掌。

幸存者，能走出詭譎多變，險象環生的二十世紀時光隧道，即將邁進一個新的世紀，人們都滿懷希望。我寫詩為文，不求新奇搞怪，媚俗取寵，但求對事物的認知成長與成熟，以利經營人生，美化社會，增進大眾的共同福祉。我真心誠意地盼望，我們同舟一命的地球村民，能冷靜思考，發揮大智慧，妥善運用地球及太空蘊藏的資源，以相愛互助，節約惜福，共同締造美好的新願景。切盼我們的詩文名家和文藝工作者，善盡自己的職責，做群眾的嚮導，引領人類，邁向和平安樂的大同世界；切莫貪玩，以免玩火自焚，玩出世界末日。自知我的末日已近，但願人類世界，一天比一天光明燦爛，直到永遠！

二〇〇〇年十二月二十五日於臺北縣鶯歌自宅

友情交響　目錄

浪波

愚公

太行王屋万仞险，巍巍耸峙门前，
开辟千里通途，你毅然扛起扁担；
担山担水担日月，自知任重道远，
代代传递，从你的肩，到我的肩……

前　言

浪波先生（本名潘培銘），是河北省文聯主席。於一九九八年九月二十六日，隨大陸文藝界代表團，來臺參加「兩岸詩刊學術研討會」，會期兩天，會後由中國詩歌藝術學會同仁陪同，至臺中、花蓮等地訪問參觀旅遊，我全程參與。因此機緣，結識了浪波先生。因他在臺灣詩壇知交甚多，行程安排緊湊，我們是初次見面，未及深談。他回去後寄書贈我，從此書信往還，相互贈書，友誼日增，已成知己。

今年四月初，他寄贈新出版的大作《文譚百題》文集給我。我用心拜讀，圈點眉批，讀完全書，覺得有很多話想說。《文譚百題》，是浪波先生長期領導文化工作及主編報刊的種種感觸，盡情傾吐，期能對當今文藝界有所啓發。他的宏觀探微，深入問題核心的議論，我所知有限，也不是寫篇心得說得透的。為報知遇的情誼，又非傾吐心聲不為快。左思右想才決定，以《友情交響》為書名，寫成一本文集。依一百題名次，先列原文題目，再抄「原文摘要」然後寫「讀後感」。抄抄寫寫，初稿複稿，總算完成。讀之再三，又覺得詞不達意，而意猶未盡，乃力不從心之故。知我者必會諒我，才敢獻醜。

我癡長浪波先生幾歲，算是同年代的人。雖同是在那個大時代中顛沛流離，卻在不同的生存及生活環境中成長，受不同的教育，幹不同的工作，喊不同的口號，奉不同的神明。所幸在那時我們未曾碰面，碰面便是敵人。自大陸改革開放後，兩岸的天空都起了很大的變化，雖偶有電閃雷鳴，疾風驟雨，卻常是陽光普照，星月交輝。近年來兩岸通商互利，前途一片榮景；文化交流血濃於水，雙方洋溢著溫馨；不知偶而何來風聲鶴唳，使人膽顫心驚，何必要嚇唬自己人呢？我想可能是那些政客藉機圖利自己吧。「計利當計天下利，求名應求萬世名」。「文革」的浩劫殷鑑不遠，何其健忘啊！

浪波先生的文章，無一不是為天下蒼生著想，為國家社會求進步，為平民百姓訴心聲，為發揚中華文化而盡心竭力。不計個人名利，對不利中華文化發展的言論，提出義正詞嚴的批評。我研讀《文譚百題》的回響，倘有欠妥之處，請浪波先生和讀者見諒，並懇請指教。

1. 文品與人品

原文摘要

品格是衡文的基準。文章的品格，即人的品格。作家是人類靈魂的工程師，自然應以塑造人的靈魂為己任。而時下自謂瀟洒的「玩文學」者，以投機的心理混跡文場，實在是對神聖文學的褻瀆。

讀後感

時下那些自謂瀟洒的「玩文學」者，以追逐名利為目的，以媚俗，趨炎附勢為手段，昧著良心，出賣靈魂，作文字遊戲；甚至以名作家的身分，在電視螢光幕上，長期作商品廣告，愚弄社會大眾，而志得意滿，為世風日下推波助浪，是人類前途潛在的重大危機。我們的文藝界，應自我省悟，迷途知返，憑道德良心創作，切勿做人類文明的殺手！

2 窮而後工

原文摘要

文學是生活的反映。沒有真實的人生體驗，那「分量」總是不足的。當然，一個健康的社會環境不應使作家窮困潦倒；但就作家自身而言，則應有扎根基層，心繫大眾的立世精神，才能有所成就。

讀後感

「窮而後工」，我認為有三種涵義：一、在窮困的生活中，對人生會有更深層的體認，其寫詩為文，會表達出同情心與使命感，而成為傳世之作；二、生活嚴謹，自甘淡泊，一心只想救人、濟世、報國，其詩文必能感人肺腑，動人心弦而傳世；三、勗勉窮困之士，力圖上進，努力從事文學創作，只要工夫深，生鐵磨成繡花針，終會寫出不朽的詩文。

3 風　骨

原文摘要

綜觀古典文論，品評作者，莫不以風骨為重。文學總是體現著人類向上的追求，一切精神文明的建設，莫不以此為重要標識。本質上絕對不應是什麼消遣、玩賞，而是一種崇高的理念和信仰。風者，情也；骨者，理也。風在外而骨在內，風其表而骨其裡，文章才有駿爽的風姿，具備端直的骨氣。

讀後感

今日文學的趨勢，是反其道而行。作者多不尚「風骨」，而趨向頹廢、浪漫、搞怪。作品流行低俗、消遣、幻想、迷思，形成一股自我作賤、沉淪的風氣，令關心世道人心者搖頭嘆息。浪波先生語重心長的肺腑之言，值得文藝創作者省思，自勉而相互勉勵：展現風骨！

4 琴與指

原文摘要

從生活素材到立意謀篇，應該也必然是如同琴與指的諧和。琴為客體，指係主體，作者的功夫、識見、品格、才情決定了作品的雅俗與高低優劣。文章是要人來寫的，題目限制不了作家，而往往是作家自身限制了自己。世間不是缺少美，而是缺少發現。

讀後感

作家如何選擇題材，題材如何發揮，是作家靈魂的所在，人格的表現。心地良善者，必選美好的題材，以優美的文詞，將讀者導向海闊天空，心曠神怡而生善念，發揮其生命力與人為善。心存不良者，選兇殘的題材，呈現血淋淋的情景使讀者驚恐，不良分子有樣學樣，是今日社會風氣敗壞的誘因。作家應揚善懲惡！

5「做」之戒

原文摘要

文章不可「做」，因為一「做」，不但必然要出現矯揉之狀，忸怩之態，而且猶如園中瓜蔬變成罐頭，先自失去了那份鮮美。無論人生、社會、家事、國事，個人遭際，民族命運，歸入文章，無非是一個「真」字。

讀後感

浪波先生是位真性情的詩人作家，我讀過他的不少詩文作品。他在作品中表達的都是真情實話。在他所處那風雨飄搖的「大時代」，他寧可以婉約文詞避禍，也不屑搖旗吶喊做先鋒。在言論自由開放的今天，他為倫理道德及民族精神作辯護，而大聲疾呼，從事文藝工作者，要做個真真實實的文化人，為中華文化播種、耕耘，以惠及全人類。

6「散」的一解

原文摘要

散文的「散」，當然不是散漫和蕪雜。它應該是對於思想內容的自由的、自然的表述。「散」者，不拘束、不造作之謂也。時下的文章，包括詩歌和小說，很有一些作者頗為講究「派兒」。「派兒」即所謂儀表。或搔首弄姿，或顧盼自雄，其意在趨時，引人注目。

讀後感

據我所知，海峽兩岸的詩壇、文壇，仍有一些什麼主義、流派的旗幡在招搖，有些詩人和作家的頭上，頂著耀眼的光環，無非是為個人的名利闖天下。其作品充滿著浪漫的色彩，談天說地，不食人間煙火，看不出他們對社會大眾的關懷，及其同情心與責任感。這樣的「人類靈魂工程師」，真使人為人類前途擔憂！

7 從容

原文摘要

讀書要從容，做事要從容，寫文章也要從容。知識的積累加上生活的積累，才有可能做到洞明世事，練達人情，由此發為文章，才能達到我們所說的從容境界。從容實為作家成熟的標誌。

讀後感

這是過來人體驗出來的真心話。達到這樣的境界，寫詩、為文、行事，均非苦事，乃是樂事。說到這裡，我突然想起北宋名儒程顥的〈秋日偶成詩〉錄之於後，可見智者的共識：

閒來無事不從容　睡覺東窗日已紅
萬物靜觀皆自得　四時佳興與人同
道通天地有形外　思入風雲變態中
富貴不淫貧賤樂　男兒到此是豪雄

8「絕不迎合」

原文摘要

藝術創作並不一味地反對流行。可是，「絕不迎合」卻是一切有出息、有志氣、有才華、有創造的文藝家追求的崇高目標。「絕不迎合！」且聆聽那令人怦然心動陶然心醉的空谷足音。

讀後感

「絕不迎合」鄙俗下流誨淫誨盜的言論文詞，「絕不迎合」唯我獨尊，君臨天下之徒的狂嘯；「卻要迎合」進德修業與人為善，為社會大眾造福，為世界和平及人類文明進步者的主張與作為，並抒發成詩文，引導讀者，蔚為風氣，而成良俗，乃從事文學創作者之職責！倘「迎合」是為投機取巧，以圖謀私利，比迎合鄙俗者更等而下之。

9少一點，好一點

原文摘要

作文之難，難在言之有物。若積之不厚，而發之頻頻，則如賣酒摻水，雖然增加了分量，卻必定降了濃度，淡了口味。言之有物，先要胸中有物，這不靠要花架子或虛張聲勢可以做得到的，非有真功夫不可。

讀後感

在這個名利掛帥，競爭激烈的年代裡，孕育了不少多產作家。在書商的促銷下，搶佔了暢銷書排行榜，成為文化市場的新貴。他們明知是過眼雲煙，卻抱著撈一筆算一筆再說。除非撈飽了而良心發現，自知收斂，或搶流行的一窩蜂讀者退潮，而被遺棄，成為文化垃圾。「少一點，好一點」的箴言，那些意氣風發的作家們是聽不進去的。但願作家能以此自律！

10 美人與美文

原文摘要

綜觀歷史，美人雖眾，卻只有兩種類型，一是容貌之美與心靈之美神妙結合；一是心靈之美與容貌之美大相徑庭。有西子、昭君，也有褒姒、楊妃。本人無選拔「美人」之癖，卻有偏愛「美文」之好。何謂美文？形神兼備之佳作也。還望作者三思，讀者三思。

讀後感

浪波先生，是位資深編者，他將作者的投稿，精心評選出美文，載之於刊物以饗讀者。他將美文比之如美人，外形美心靈也美，才是真正的美人；外形艷麗心靈醜惡，是蛇蠍美人，實為妖孽。美文也有真假之分，真正的美文，文詞美立意也美，能美化讀者的心靈；虛假的美文，文詞挑逗，立意惑眾，愚弄讀者。

11 且說千字文

原文摘要

改革年代，大家都在忙。在提倡開短會，說短話的同時，還有必要再加一條：寫短文。這裡說的短文，是指短而精、短而實的文章。我們是不是也可以提出「寫文章不超過一千字」呢？硬性畫出這樣一個框框，當然不妥。為救正「長風」之弊，此議雖然苦口，卻不失為一劑良藥。多寫點「千字文」吧。

讀後感

浪波先生是位文壇「老編」，提出這樣的呼籲，是有感而發，對作者、編者、讀者而言都是一種功德。憑心而論，一般述情論事之作，千字應可暢抒所懷；但是，當下流行冗詞長句轉折敷陳，以展露其才華，又可多得稿費，積習成風。文字節約有其必要，也是美德。

12 看山

原文摘要

天下沒有一座相同的山，這是「造物主」的匠心，「他」實在是一位最偉大的作家。大自然之美，美在自然。這大概也是文學創作的奧秘。「文似看山不喜平」，這是我們從中學第一堂作文課上聽老師講的。留心看山，再看天下文章，或許從中得到一些有益的啓示。

讀後感

現代的詩、文藝術名家，流行標榜什麼主義、流派，以自抬身價，還相互呼應，形成小圈圈，排斥異己，爭奪生存發展的空間。浪波先生一派耿介的文人氣慨，在文化園地裡潛心耕耘，獎掖後進，令人欽敬。他不沾一點什麼主義、流派色彩的平實作風，以發揚中華文化為己任，尤其難得。

13詰「自我」

原文摘要

自我離不開社會生活，感情也總是隨著感情之外的世界變化，這是誰也逃避不了的現實！現實無情，又多情。所謂「自我」的價值，只有放到「現實」的天平上去衡量，才能準確無誤。把筆觸伸向生活吧，去撥動社會最敏感的神經，以自我之情入無我之境，才會有真正的千古文章。

讀後感

是否閱讀過千古文章？是否深入社會生活，與群眾做廣泛的情感交流，而瞭解現實真象？是否展望過未來世界？是否心甘情願做無私無我的實現自我？雖不能全部肯定，起碼有部分肯定，才能寫出千古文章。只顧隨意遐想，咬文嚼字，自我陶醉，註定與千古文章無緣。

14 文與道

原文摘要

今之論者謂「文以載道」期期不可，然而遍讀今之文章，叛道者實難覓得。非彼道，即此道；非人道，即己道。文之與道，道之與文，只有相互依存，才能相得益彰，進而臻於真善美的崇高境界。老子卻說「道可道，非常道」，這可真的叫人「難得糊塗」了！

讀後感

韓愈在〈原道〉這篇文章裡開宗明義的說：博愛之謂仁，行而宜之之謂義，由是而之焉之謂道。《中庸》第一章開頭便說：天命之謂性，率性之謂道……道也者，不可須臾離；可離非道也。老子所謂「道可道，非常道」，他心中的「常道」便是「無」。他說：有生於無。他主張「無為而治」使人類回到元始時代，自生自滅，豈不可悲！

15神來之筆

原文摘要

畫龍之難，難在點睛；點睛之妙，妙在傳神。詩也罷，文也罷，總該有幾處神來之筆。讀《阿房宮》，「點睛」之墨卻在這裡：「嗚呼！滅六國者，六國也，非秦也。族秦者，秦也，非天下也。秦人不暇自哀，而後人哀之。後人哀之而不鑒之，亦使後人而復哀後人也。」這才是使人警省的神采之筆！無此一筆，「阿」賦亦不失為一篇美文，但絕對不會成為傳世之作。

讀後感

杜牧這篇《阿房宮賦》，述事、抒情、立論警世，無不精到，真是一篇傳世美文。經浪波先生這一評析，為之畫龍點睛，而傳神韻，對讀者與創作者來說，都有所啓發。

16 珍惜「自己」

原文摘要

有不少令人擊節讚嘆的錦繡文章，如果稍知其作者的為人行止，確有格格不入大謬不然者。文章是一面孔，做人又一面孔，這在中外文學史上是不鮮見的。珍惜自身，完善自我，其文章才能傳諸久遠。

讀後感

中外文學史上，寫詩為文包裝自己，或美化某一政治人物及其政治主張，以欺世盜名，謀利求官者不乏其人，今世爭相效尤者更多。他們自損人格，出賣靈魂，都沒有好下場，而遺臭後世。珍惜「自己」，首先不要為名所惑，為利所困，然後要真心誠意的做個「人類靈魂的工程師」。關懷社會大衆，憑自己的道德良知寫文章，做個有責任心與使命感的文化人。

17 短論短文

原文摘要

善屬文者，於尺幅納江海。是謂運斤成風，探驪得珠，藝術文學之化境也。李太白《春夜宴桃李園序》，是為一例。去蕪存菁，去偽存真。淘盡黃沙，始見金粒。惟取其精，方能用宏。願文壇有志者共識之。

讀後感

以一百十七字道盡天地古今萬物人生之氣韻，描繪春夜宴桃李園的情景，真乃短文之精美範例。茲錄原文以便於讀者鑑賞：夫天地者，萬物之逆旅。光陰者，百代之過客。而浮生若夢，為歡幾何？古人秉燭夜遊，良有以也。況陽春召我以煙景，大塊假我以文章。會桃李之芳園，序天倫之樂事。群季俊秀，皆為惠連。吾人詠歌，獨慚康樂。幽賞未已，高談轉清。開瓊筵以坐花，飛羽觴而醉月。不有佳作，何伸雅懷。如詩不成，罰依金谷酒數。

18 話說「高級簡單」

原文摘要

閱讀時下文章，每每驚羨作者的才華學識，下筆千言，引經據典，亂花迷眼，美不勝收；而當掩卷沉思，卻往往感到茫然，頭緒紛繁，不得要領。究其根源，大概還是欠缺：「高級簡單」的功夫。出深邃於淺顯，化繁複於簡約，寓哲理於故實，這才是文章大家的風範。

讀後感

浪波先生的這一提示，使我想起唐代劉禹錫的〈陋室銘〉。劉老先生曾身為監察御使，高官厚祿，卻居住樸素，過著平民式的生活，雅而不俗。他以八十一字寫成的〈陋室銘〉，記述他的生活情趣，處世哲理，開闊胸懷。為文深入淺出，寓意高潔，啓人思慕嚮往，是創作「高級簡單」文章的範例。

19精短文章的另一面

原文摘要

倡導精短文章，是針對時下的一些作品蕪雜，行文冗繁而言。當然，繁簡自有法度，精簡不可失當。還要看到精短文章的另一面，必須具備概括真的生活，抒寫真的見地，流露真的性情。至精至短，乃見至雄至大。

讀後感

我從閱讀經驗中發現，那些內容蕪雜，行文冗繁的文章，有的是為應酬，以償人情債；有的是為騙稿費，強調趣味性，東拉西扯，雜湊成篇；有的標新立異，以突破創新自豪，強詞奪理，顛倒是非，以假亂真，譁眾取寵，要顛覆傳統與現實，傲視文壇。形形色色，難以盡言。浪波先生對文壇的期待，用心良苦。有使命感的作家們，請響應其號召，以開創文壇新局。

20 偶感

原文摘要

引經據典，言必秦漢，以求高深。費盡心力，反而被讀者看出膚淺。何必呢？摹外仿洋，刻意歐化，以求新奇。絞盡腦汁，反而讓人看出平庸。何苦呢？博學而不「掉書袋」，多才而不「耍花腔」，則其人可親，其文可近。

讀後感

當下有些寫詩為文者，喜愛引經據典，戴上名家光環，以求自抬身價。在明眼的讀者看來，是弄巧成拙。引經據典，本非壞事，引用得當，可增加作品的深度；但不學無術者，引喻失義，未經咀嚼，難以消化，就嘔吐出來，腐臭難聞，就貽笑大方了。有不少所謂的作家，求名心切，總是抱著大膽一試的心態，將頭髮染色，卻忘了自己的黃皮膚，學得不倫不類。

21 作文三戒

原文摘要

「少之時」初學寫作，生活積累不多，思想和藝術尚且稚嫩，故執筆為文，應注重實際，務避浮華，不圖僥幸。「及其壯也」，生活經驗日漸豐厚，思想與藝術臻於成熟，更應沉著，文莫輕屬，詩勿浪傳。「及其老也」歷練人生，書讀萬卷，路行萬里，文筆老辣，不因「血氣既衰」而自餒，功成名就而自惑。做人三戒，意在有為；作文三戒，旨在進取。

讀後感

浪波先生，年逾耳順，歷經少、壯、老三個年代，對「做人三戒」、「作文三戒」，深得其中三昧，抒發為文，為老、中、青作家們，供應了提神醒腦，向前邁進的營養品及興奮劑，確實是一位當代作家的良師益友。

22「靈氣」說

原文摘要

品評文章，編選稿件，人們都喜歡有「靈氣」者。千萬不要把「靈氣」只說成「空靈」，那是很不全面的。「靈氣者，悟也。」「悟」從何來？來自對於事物的認識。天然神韻，意到筆隨。這是一種境界，是一種素養。

讀後感

浪波先生，從長期編選「美文」中，悟出文章的「靈氣」來。據我的閱讀經驗，讀者想要讀出文章的「靈氣」，須全神貫注，以自己的「靈氣」去探索作者的「靈氣」，在文章的深層才能發現。如果是隨意翻閱流覽，自己的「靈氣」與作者的「靈氣」沒有交集，也發掘不出文章的「靈氣」來。有些文章根本無「靈氣」，即所謂「空靈」，只是浮光掠影，海市蜃樓罷了。

23 關於楊朔散文

原文摘要

在本世紀五六十年代，從《雪浪花》到《荔枝蜜》、《茶花賦》，篇篇精品，件件佳作，確曾是新人耳目，動人心弦，廣為流布而風靡一時的。說「楊朔現象」，這文學史上的一段故實，恐怕誰也無法否認，這些作品在散文創作領域激起的波瀾和影響。為散文繁榮計，我們能否從「楊朔現象」和「楊朔模式」中發現某種規律？

讀後感

我沒讀過《雪浪花》、《荔枝蜜》、《茶花賦》，對五六十年代大陸上的文壇現象，因時空阻隔，只有涉及文化整風，從傳播媒體上略知一二，對「楊朔現象」、「楊朔模式」毫無所悉。但願其「現象」與「模式」的再發揚，對振興中華文化有正面的意義。

24走出「姥姥家」

原文摘要

在一個相當長的時期裡，諸如愛情、友情、親情這些極易撥動心弦的生活層面，總被視為禁區，而一旦打開柵欄，侘紫嫣紅，滿園春色，簡直如入仙境，令人目不暇接！初戀的回憶，兩地的相思，孩提時「姥姥家」的溫馨撫愛，情則真矣，意則切矣，總是反反復復的絮絮叨叨，終究是會讓人聽得煩了，膩了。人總是要長大的，「生活是多麼廣闊」，應該走出「姥姥家」！去闖外面的世界。

讀後感

這是一位「老編」閱文審稿所見而興的感嘆。我不是編者，而喜歡逛書店。看到書架上那些封面設計新穎，翻開一看是「濫情」書，有與浪波先生同樣的慨嘆！作家們！向屬於中國人廣闊的二十一世紀進軍吧。

25 談「充實」

原文摘要

人生需要充實。文章需要充實。何謂充實？豐富，充足是也。此中有物質的，更有精神的，而後者尤為重要。充實的人生，總是有精神的先導。充實的文章，必然有精神的支柱。充實的文章，旨趣其魂，萬匯其形。

讀後感

什麼樣的人，寫什麼樣的文章。有充實的人生，才能寫出充實的文章來。充實的人生，要以高尚的人格所形成，才有充實之美。假如求得的功名富貴，盡是別人血汗和淚水凝聚而成，那就不是充實，而是惡貫滿盈。充實的文章，要有容人利他的旨趣。像現在流行的所謂「理財學」，斂財術無不精到，都是要不勞而獲，少勞多獲以自肥，充實又何足取。浪波先生，以「旨趣其魂，萬匯其形」界定充實的文章，寓有深意。

26再談「充實」

原文摘要

充實是一種美：完整，飽滿，真純。與之相反，則是空虛，殘缺，畸形。談「充實」，一談再談，實在是感於我們的一些文章不太充實，我們的一些作者不求充實。或是生活匱乏，或是見識淺薄，或是筆力疲軟，避實而就虛。充實，是生機，是活力。讓你的文章更充實些吧。

讀後感

寫文章本來就是有話要說，或抒懷言志，或發表議論，都要以真誠的心，並深思熟慮，講清楚，說明白，自然生機立現，活力即出，能感人肺腑，動人心弦。時下有些作者，窮極無聊，以寫文章發牢騷，指桑罵槐，以逞一時之快。有些作者，以大作家自居，高談闊論，隱隱約約，以示奧秘。做一個文化工作者，應自律自勉。

27 個性初探

原文摘要

「個性」不是「個人主義」。這裡所謂的個性，是在同一前進目標下，每個生命自身燃燒發出的獨特光焰和能量；或大、或小、或亮、或暗、或強、或弱、或疾、或徐，如繁星在天，如百川匯海，千姿百態，蔚為壯觀。若說文學的繁榮，這才是我們期待的境界。文倡個性。讓一切真的、善的、美的思想和事物，以其鮮活的生命本色融進你的彩箋華章。朋友請欣然命筆！

讀後感

這聲嘹亮的號角，吹起了全人類的希望。以人類現有的知識與技能，共同妥善開發運用所擁有的地球及太空的豐富資源，可將地球村建設成人間天堂，供人類同享安樂。我們文化工作者責無旁貸，應負起嚮導及先鋒的角色。

28 權當寫信如何

原文摘要

近讀一些散文，有的像「報告」，過分莊重；有的像「廣告」，失之輕飄。何以如此？為文而文，造作是也。要真實，要自然，把「做文章」權當寫信如何？給親人寫信，給情人寫信，給朋友寫信，無論敘事、抒情還是説理，那種真誠、坦直、親切，都是筆者實實在在的「本人」，從心裡釀出的。「百囀千聲隨意移，山花紅紫樹高低。始知鎖向金籠聽，不及林間自在啼。」我喜歡這樣的文章。

讀後感

寫信是對親人、情人、朋友傾吐真情，寫散文是對讀者傾吐真情，都不能板起面孔，或嬉皮笑臉，做不當不實的陳詞。寫信、寫散文，如果能像林中鳥自在啼，定會使人悦耳怡情。

29平常心

原文摘要

「著文須素心」。何謂素心？「平常心」是也。這也是一種做人的境界。只有珍重人生，方能旨趣高遠。言為心聲，文為心史。失諸素心，即為矯飾。為人為文，只有「平常心」，才能真正的超凡脫俗。這才是文章的靈根所在。

讀後感

提起「平常心」，使我想起《大學》釋正心修身章所言：所謂修身在正其心者，身有所忿懥，則不得其正；有所恐懼，則不得其正；有所好樂，則不得其正；有所憂患，則不得其正。正心即「平常心」。在心浮氣躁時執筆為文，難免有些偏頗。當心情平靜，思慮清純時，自認為言所當言，義無反顧，必能寫出「旨趣高遠」的好文章來。

30 硬功與硬寫

原文摘要

何謂硬功？作家的全面素養是也。若無豐富的生活積累，廣泛的學識匯聚，高尚的思想昇華，最終只能成為「文匠」，難入作家之林。無話可説，勉強湊趣；乏善可陳，自作多情；或轉彎抹角，以示多見識廣；或添枝加葉，而顯才氣出眾。凡此種種，皆是「硬寫」的表現。

讀後感

當今「作家之林」，不乏「文匠」。作家為文，必以體察宇宙萬象，關懷社會大眾的生存與生計，抒發自己的情懷為主軸，以匯聚眾生的願景，貢獻出自己的智能，以增進共同的福祉。「文匠」之為文，以追名逐利為目的。而今在文化園地裡所見，有「硬功」者少，要「硬寫」者多。凡有作品發表都泛稱為「作家」。

31 硬寫與不得不寫

原文摘要

大凡空洞浮泛、矯揉造作、詰屈聱牙之文，皆是「硬寫」之弊。好的文章，常是「不得不寫」的產物。緣於某種因由的觸發，沖決胸中塊壘，化作筆下雲煙，浩然之氣，非吐不快。這才是文章寫作的妙境、化境，「最佳競技狀態」。靈感來自思想積累形成的「萬斛泉源」。

讀後感

硬寫的文章，多為一己之私，或一時興起的消遣之作，以圖展現才華。不得不寫的文章，都是為明辨是非，伸張公理正義，關心社稷民生。如司馬遷的〈報任少卿書〉，諸葛武侯的〈前出師表〉、〈後出師表〉，韓愈的〈原道〉孫中山先生的《孫文學說》自序。都是充滿浩然之氣，非吐不快的千古美文。

32 「見好就收」解

原文摘要

「見好就收」，就是不重複自己。點睛之筆只須一處，便可收傳神之妙，倘「點」得與起，東一處，西一處，形或可存，神則散矣！「見好就收」就是恰如其分。增之一分則太長，減之一分則太短。「見好就收」就是含蓄有致。給讀者留一方空白，留一點懸念。

讀後感

司馬遷的《史記》，寫〈孔子世家贊〉這篇文章，只用了一百零三個字，從讀孔子書，想見其為人，觀其廟堂，見其車服禮器，諸生習禮其家，而低回留之不能去。學者宗之，自天子王侯，中國言六藝者，折中於夫子，而成至聖先師。就其見聞、思慕、景仰，點到為止，留給讀者無限想像的空間，真是「見好就收」的好樣本。

33 幽默淺說

原文摘要

幽默不是詼諧；也不是嘲諷；更不是戲謔。幽默是智慧，是機警，是敏捷，而非滑稽，非一般的笑料，更非玩小聰明或游戲人生的輕鬆閑適。幽默是大智、大悟、大喜、大悲。善為之者，必然有對於生活的透徹的理解，對於事物的本質發現。如若沒有或缺乏這種發現和理解，而強作幽默之狀，則流於油滑。

讀後感

我完全認同浪波先生對「幽默」的詮釋，也挑起我深藏已久的心中鬱悶。世稱「幽默大師」林語堂博士，於民國七十六（一九八七）年十二月出版了一本《生活的藝術》，厚達四。一頁。我因慕名，搶先購買，用心拜讀，圈點眉批。他在〈自序〉開頭便說：「本書是一種私人的供狀，供認我自己的思想和生活所得的經驗。我不想發表客觀意見，也不想創立不朽真理。我實在瞧不起自許的客觀哲學；我只想表現我個人的觀點。」當我讀到他那些悖情悖理的「幽默」，我情緒激動，難以抑制。茲摘錄幾句，請讀者評鑑：「我只愛好人生，所以極端不信任智能。」；「講求效率，講求準時，及希望事業成功，似乎是美國的三大惡習。」；「把事情放著不做，比把事情做好更為高尚。」；「一件謀殺行為，或一件陰謀行為，祇要做得簡潔，則看上去也是美的。」。我讀完全書，簡略的寫了幾點感想：一、林大師是以尸位素餐的士大夫心態發表論說，無視於社會大眾的疾苦，甘願做個社會的寄生蟲；二、林博士漠視人類文明進步的過程及動力，只知坐享其成，說風涼話，「幽默」自娛以愚人；三、林先生目睹中國近百年來面臨的生存危機，及第二次世界大戰殘酷殺戮，卻說：「一個人第一步應相信，世界上並無災難。」他崇尚逸樂，藐視勤儉，只知盡情享樂，不願回饋社會，竟成為享譽國際的「大學者」，人間真理何在!?

34 散文與詩

原文摘要

散文要有「詩美」，但不可「詩化」。以繪畫為喻，文重工筆；詩尚寫意。詩可以「情勝於理」，而文務求「情理之中」，兩者不可顛倒。時下的一些散文，之所以令人感到虛空和浮泛，正是對於「詩美」的追求錯了角度，而誤入「詩化」一途。散文姓「散」。

讀後感

時下的作家與詩人，為了「突破」與「創新」，似乎已跳出「情理」之外。絞盡腦汁，以求「新奇」，有一字成行，一句二、三十字的詩；有指東説西，朦朦朧朧的散文。如舞台上的男女演員，裝扮怪異，動作誇張，語出驚人，以搞笑、搞怪開創新風氣。都愈越了散文與詩應有的風格，奈何!?也許是我頑固不化，又自我奈何！

35「品味」如是說

原文摘要

一篇作品，無論記事、說理或抒情，或明或暗，或隱或顯，都是作者思想的折光，人格的體現，要做假，也難。有見地的讀者，對文章不僅要「讀」，而且要「品」，亦即「品味」，才可察其底蘊，得其真髓。要品出文章的滋味、意味和韻味來。對於刊物質量的提高和散文創作的繁榮，當大為有益。

讀後感

當今「刊物」上文章的「品味」，可說是五味諸全，而辛辣者居多。因「食客」喜歡刺激，像「麻辣火鍋」般又辣又燙的文章，正在流行，而不在乎其傷身害體，是人類身心健康的一大隱憂。作者、編者、讀者，要同步導正文章的滋味、意味和韻味，以提升生活的意境和生命的意義。

36 散之爲美

原文摘要

散文之美在於散。散之為美，是原生的，本色的，天然的，非人工的。誠然，散不是亂，舉凡山川林莽，日月風雲，偉男靚女，勁松柔草，其自在之形，自發之態，無一不是外象與神髓的奇妙諧和，天造地設，絕無雷同。無論自然風物或社會人生，都有其內在的節律，順之者謂之「散」，逆之者即是「亂」。散之為美，拘謹自不可及，放任則又過之，而要恰到好處，就看作家的本事了。

讀後感

「作家的本事」就是「誠」的修養功夫。《中庸》對誠的詮釋特多，如「不誠無物」、「至誠無息」、「誠則形，形則著，著則明，明則動，動則變，變則化」，誠的律動無過與不及。本諸一片真誠寫文章，必散而美矣。

37 隨意解

原文摘要

隨意寫之，佳作不期而至；著力為之，反而事與願違。原因何在？蓋前者所作，無慮無憂，妙趣天成；多思多慮，力不自勝也。藝術之規律是相通的，作畫也好，作文也好，「隨意」的心境，才是成功的鑰匙。

讀後感

「隨意」即「適意」，無求，無慮，無罣礙，身心自在，暢意抒懷，作畫為文靈性隨之現於筆下。左思古想，瞻前顧後，心神分散，靈性何來？據我的經驗，「隨意」有隨靈感之意。我有幾篇自己比較滿意的作品，是在適意時靈機一動，振筆疾書而成。事後思之，其素材蘊藏心中已久，因發酵自然流露而出，即所謂意在筆先，筆隨意使，得心應手自成佳作。

38 美而不媚

原文摘要

近讀報章，見「散文不能缺鈣」之說，眼前不覺為之一亮。善哉斯言，可謂意旨高遠。確有不少報刊，倡導、鼓吹一種軟性散文，軟也是一種美，陰柔之美。是有其風骨在，所以才深沉，才有力，才打動人心。而另一種軟，矯情造作，一味的軟而又嬌，嬌而又媚，媚至無骨，這類文字無疑的就是缺鈣了。

讀後感

當今中外文化市場的詩文作品，很多都缺乏鈣質。有的得了「軟骨病」，伸不直腰桿，邁不開大步。有的患「骨質疏鬆症」，一碰撞就骨折。他們不是不知道補充「鈣質」，而是要製造「病態美」，以惹人憐愛，不知是弄巧成拙，自貽伊戚。其實，文章只要內容充實，「意旨」高遠，剛柔均美。

39 饅頭和麵包

原文摘要

吃饅頭的李白、杜甫和吃麵包的拜倫、雪萊，都寫出了膾炙人口的名篇傑作，豐富了人類文化寶庫。中國的文學要面向世界，這無疑是一個正確的口號，東西文化的交流、融匯，是歷史發展的必然趨勢。但這決不意味著每個民族失去自己獨特的審美趣味。難道我們從中不能領悟一點有益的啓示嗎？

讀後感

由於科學發達，交通便捷，資訊靈通，天涯若比鄰，所以把全世界稱為「地球村」。又因為國際間物質互通有無，依存日益密切，文化交流隨之熱絡起來，相互影響，甚至有人喊出：文學藝術無國界。同時，各國家民族又警覺到，要保存本國的文化遺產，向國際展示其精緻文化及人文精神。回憶近百年來，我們中華文化受到嚴酷的挑戰。中國在列強的壓迫侵略下，幾至亡國滅種。國人想發奮圖強，自救救國，病急亂求醫，產生了崇洋媚外的心理，要拋棄固有文化，要「打倒孔家店」，要「全盤西化」。五四新文化運動風靡全國。孫中山先生在演講民族主義時說：「現在受外來民族的壓迫，侵入了新文化，那些新文化的勢力，此刻橫行中國，一般醉心新文化的人，便排斥舊道德，以為有了新文化，便可以不要舊道德。不知道我們固有的東西，如果是好的，當然是要保存，不好的才可以放棄。此刻中國正是新舊潮流相衝突的時候，一般國民都無所適從。」自五四新文學運動以來，中國的文藝界，一直持續在新舊潮流的激盪中。尤其自歐美文學界什麼主義，什麼派相繼出現，風起雲湧，浪濤澎湃，中國詩壇、文壇，更是陷入其中。臺灣詩壇，曾興起一個「現代派」，主張新詩要「橫的移植」，不要「縱的繼承」。接著又有「後現代」、「前衛」等新潮流出現。讀其作品，不知所云，如何審美？浪波先生，我自感真的是落伍了！

40 名豈文章著

原文摘要

當前「名」與「文章」的關係又有新的突破，這就是文壇所謂的「包裝」手段。文章未出，先做廣告；一旦發表，即做研討。哥兒們姐兒們，拍手叫好，傑作名著，聲震雲霄！自立流派，自上封號；聖手大師，過市招搖。名人辭典，自產自銷；印上手跡，附有照片。名也有了，利也有了；志得意滿，酒足飯飽。嗚呼噫嘻！成名之道。說破天機，諸君勿惱。

讀後感

浪波先生，是以沈痛的心情，陳述詩壇、文壇這些追逐名利的現象，我體會得出。在開放的大環境中，潮流如此，時勢所趨，除了掩卷慨嘆，又將奈何？但願作者能自律、自重、自愛，多在作品上下功夫，為文化界盡一份應盡的責任，為自己留一個實至名歸的清譽吧！

41 說不清的學者散文

原文摘要

在亂花迷眼的散文界，「學者散文」使多數的論者、讀者取得共識，恐怕也難。何謂「學者散文」？還得靠讀者的感覺去理解。還是一個模糊的概念。不言而喻，「學者散文」的作者應當都是學者。近年來，關於作家「學者化」的呼聲日漸高漲。作家學者化，要洞明世事，練達人情，重要的還是要讀生活這部大書。

讀後感

今日所謂的「學者」，良莠不齊，無奇不有。「學者散文」大概是那些為提高品位以自抬身價的作家喊出來的吧？臺灣也有一個「學院派詩人」小團體，出「詩選」以傲人。我看除了那頂方帽子，沒有什麼出眾的華彩。詩與文沒有必要以身分地位定名，由他們去自吹自擂吧。

42 平民散文說

原文摘要

這樣的散文，不矜持，不煽情，親切真純，樸素實在。說老實話，實在是有感於時下的許多文章，有太多的貴族氣，有太濃的脂粉氣。平民是社會的主體。工農商學兵，三百六十行，眾多胼手胝足的勞動者，各謀其業，各謀其事，用他們的手和腦創造生活，書寫歷史。本文題為「平民散文說」，只是說說而已，並非另起爐灶，自立山頭。

讀後感

時下許多散文，脫離了社會現實及群體生活，而沉於作者個人的迷思與幻想，形成一種浪漫、頹廢的思潮，是社會亂象主要原因之一。提倡平民散文，鼓勵平民寫作，及專業作家深入民間，共同寫出社會大眾的心聲，作為打造安和樂利社會的藍圖。

43 又說平民散文

原文摘要

「平民散文」一說既出，頗引起幾位同好的關注，或表示同感，或提出商榷，對於作者都是一種鼓舞，自謂得遇知音。所謂「平民散文」，並非要用平民、貴族、學者、工農等社會諸階層來劃分派系。凡是以平常心，寫平常事，真實、真誠、真率、真情的文字，都是生活之樹結下的果實。

讀後感

「平民散文」，不是以作者的身分地位定名，分品格。而是以真心誠意，述平民之事，關心其疾苦。抒發其願景，助其成而與之同樂。希望學者與專業作家們，深入民間多寫點「平民散文」。歐陽修貶官滁州，疏導山泉，闢地建亭，五穀豐登，與民同樂，他寫的〈豐樂亭記〉，就是一篇很好的「平民散文」。

44 還說平民散文

原文摘要

「平民散文」是平心靜氣的散文。絕非任情泛濫，隨意為之。它是屬於民間的，因而也是大眾的；是社會共存的，因而也是人類共有的一種真情的表達。「平民文學」，立足大地，根植泥土，從這裡生出參天的喬木，開出絢麗的花朵。

讀後感

在海峽兩岸，都有高知名度的散文作家余秋雨先生，他所寫的《文化苦旅》、《山居筆記》，都是他所感受到的民間疾苦，社會現實景象。他剛結束歐亞「千禧之旅」，我今天早晨在中央日報副刊，看到他在「文學到校園」系列的演講紀錄。他將把這次旅程日記結集成《千年一嘆》散文集。他從以色列的耶路撒冷，到幼發拉底河、底格里斯河到恒河流域，他所經過的都是窮鄉僻壤，看到的都是民間疾苦，使他感嘆的是古文明衍生的現代野蠻與墮落。在演講的結尾他說：「我不再稱自己為作家、學者或教授，我只是一個中國旅行者。把自己放逐到一個極端簡單又極端危險的境界，在走路的過程中不斷的尋找，不斷的把生命投入荒涼。這次一路上非常不安全，我們的生活極端簡單，最恐怖的是脫離了一切保護，包括醫療、治安、食品供應、汽車修護等，全都不存在了。我用自己的生命直接去面對現場，而非透過傳媒或書本；開始有可能去關愛原本離我們很遙遠的事情，這是生命的擴大與延長。當愈來愈多的人開始關愛整個地球，而非屬於自己的一小部分時，也許會有絲希望的曙光產生。年輕的生命，尤其是對文學有興趣的朋友更應這樣。疑問也許沒有結論，但心中增加了許多感慨，肩上增加了某一種壓力，擺脫個人夢遊式的囈語，你會變得厚實、成熟，更有責任感，也就比較有分量。」我們等著欣賞余秋雨先生的「平民散文」吧。

45 關於一種提法

原文摘要

友人寄剪報若干，都是談論散文創作的文章，其中幾篇關於「文化散文」的評說，讀後倍感新奇。散文作為文學，無疑應當屬於文化範疇。從文化再昇華出一種文化，「文化的文化」，這個圈兒畫得圓麼？沉吟再三，想不通，也說不明。

讀後感

「文化散文」的論者，可能對「文化」的定義，概念模糊，而提出新的論說。我查閱《學典》、《辭源》、《辭海》三部辭書，綜其說明如下：1.文化即文治教化。2.國家及民族文明進步曰文化。3.人類社會由野蠻而至文明，其努力所得的成績，表現於各方面者，為科學、藝術、宗教、道德、法律、風俗習慣，其綜合體，則謂之文化。如此看來，散文不是定個框框，所能罩得住的。

46 完美與殘缺

原文摘要

追求美大概是人的天性，然而，遺憾，世上實難找到十全十美的事物，這也是事實。奇怪的是，愈是殘缺，反倒愈益增添了作品的魅力。散文寫作，對於作者來說，是一種無拘無束的心靈漫步。真善美不須裝飾，可能它帶著某種殘缺，這並不妨害它本來的光彩。

讀後感

臺灣有位知名女作家杏林子（本名劉俠），她讀小學時患了類風濕性關節炎，全身關節日漸僵硬疼痛，日常生活靠母親代為打理。她坐輪椅或躺在床上自修、寫文章，出了幾本散文集。寫的都是關心別人和自己的苦楚，贏得千萬讀者掌聲和熱淚。她還創辦一個「伊甸基金會」，照顧殘障者就業及生活。她已年逾知命，還坐著輪椅，到處散播愛心。她的殘缺美，已美到了極點。

47 關於散文的性別

原文摘要

散文無性別。散文就是散文，讀者面對的是一篇具體的作品，而非作者的性別，或別的什麼。「女性散文」、「女子美文」、「小女人散文」，如此這般，都是以女性為招徠的宣傳報導。也是文攤的一種促銷手段罷！

讀後感

臺灣的女作家不少，在文壇上的成就，可說是與男作家平分秋色，卻未見有「女性散文」的旗號出現。我也讀過很多男、女作家的散文，從主題、結構、遣詞、用字，也沒有明顯的性別差異。相互以同性或異性為文章的主角，也都是以抒情、述事、論說為題旨，也都會涉及兩性。人類社會是由男女兩性組合而成，惟有各本所能，和諧共處，相互疼惜，寫文章何必要分家呢。

48 關於大散文

原文摘要

對於大散文的呼喚，是有感於時下的散文局面太小，路子偏窄，意在以此救之。散文應當是條龍，起於大澤，騰於長空，行雲布雨，惠及萬物。如果只是得於書齋，散文家一旦躲在書齋尋夢，盡管浮想聯翩，最終還是一種精神的自我封閉。「大散文」是散文創作的一次思想解放，提倡而鼓吹之，實有必要。

讀後感

「充實之謂美，充實而有光輝之謂大」，「大散文」應俱備美而大的內涵與形態。舉凡天地萬物，古往今來，世間百態，有所見聞，有所感觸，而有益於眾生者，本諸真誠，暢所欲言，寫成文章，面對讀者，皆可謂「大散文」。我如是觀，不知文壇先進們以為然否？

49 再說大散文

原文摘要

所謂「大散之」，不是什麼新觀念，而是散文創作的老話題。所謂經世致用，實為歷代文章之要旨。經世致用，用在何處？用在人生。用現代話說，即是「為人生的文學」。關鍵在於作者的思想境界。我們倡導的「大散文」，正是期待於散文作家先自具有大的器局，如果只求文學技巧的花樣翻新，實乃捨本求末。

讀後感

浪波先生提倡「大散文」，要使「大散文」，回歸中華文化「經世致用」的正統，營造一個有益天下蒼生的大格局。《禮記》禮運大同篇，有這樣幾句話：「大道之行也天下為公，選賢與能，講信修睦，故人不獨親其親，不獨子其子，使老有所終，壯有所用，幼有所長，矜寡孤獨廢疾者，皆有所養……。」我們以這種胸襟懷抱，必能寫出「大散文」。

50三說大散文

原文摘要

大散文就是打破「散文界」的小天地，放眼社會人生的大世界。舉凡士農工商，販夫走卒，三教九流，五行八作，只有真切的生活體驗，有真實的性情流露，便有好文章，大文章。還要說明，我們所倡的大散文，也決非一班以「才子」自命的人們信筆揮灑，自賣風流。對於那些一味標榜自我的文字，真則真矣，然而卻是一種畸型心態的流露，要不得的！

讀後感

臺灣的「大散文」，雖已到了百花齊放，百鳥爭鳴的繁榮景象，湊熱鬧，搶風頭的才子佳人，固然不少，像一陣風迎面而來，擦身而過，了無痕跡。三十多年前，卻有一位年輕的比丘尼，率領三十位家庭主婦，每人每日節省五角錢，在花蓮普明寺成立「佛教克難慈濟功德會」，以「濟貧解困，救苦救難」為宗旨。第一年救助十五户三十一位孤老殘病的貧者。那年輕的比丘尼的俗名王錦雲，法號證嚴法師，慈濟人都尊稱她為「上人」。三十三年來，證嚴法師不斷闡揚「慈濟精神」，以社會為「道場」。力行「佛法生活化、菩薩人間化」。要點亮心靈深處的明燈，讓光明由自我到家庭，隨慈濟人到每個地方，讓片片愛心合在一起，在黑暗處散播光明。慈濟人的四大志業是：慈善、醫療、教育、文化。現在推行四大志業的慈濟人，在臺灣本島有三百餘萬人，包括各行各業。每逢災難，首先到現場的是慈濟人。現設有護校、醫學院、全科教學醫院、從托兒所、幼稚園、小學、國中、高中、職校、大專院校全民一貫教育體系。創辦大愛電視台、慈濟月刊。證嚴法師《靜思語錄》是她推行大愛的心靈活動紀實的「大散文」暢銷百餘版，高居暢銷書排行榜首。她將一年來的版税捐出，作了七萬個福慧紅包，贈全世界七萬個慈濟志工。像這樣大而美的散文，想必人人愛讀！

51 此散文非彼散文

原文摘要

「大散文」之說即出，引起文學界紛紛議論，是耶非耶？各執一詞。其實，所謂大散文，並非把散文的範圍擴大到「一切文章」，那樣的無限膨脹，實在是一種誤解。我們今天所說的「大散文」，是從「散文文體」分離出來的「藝術散文」，有其科學的規定性，決非把「一切文章」強拉硬扯來擴充地盤。常見的報紙社論、政府文告、新聞通訊、外交聲明「應用散文」和「藝術散文，不可混淆。」「彼散文」，作者筆下，讀者眼裡，都清楚明白！

讀後感

「應用散文」的作者是以公職身分發布文稿，告知對方因應變局作為或不作為，缺乏彈性。「藝術散文」是作者自己的見聞、思慮、期盼或惕勵，希望能得到讀者的肯定、認同及履踐。兩者涇渭分明，一見便知。

52 散文尚雅

原文摘要

散文尚雅。高雅文化即經典文化，是民族精神的支柱，舍此則無以自立。如何看待當前的某些文化現象呢？誠然，嚴肅的、高雅的文章有人在寫；但是鋪天蓋地如潮湧來的卻是明星戀史、名流軼事、宮廷秘錄和海外奇聞。雅俗之爭，正方興未艾。散文尚雅。散文界在慘淡經營中固守著自己的陣地，珍重自己的責任。

讀後感

文學原本無法獨立於政治與民風習俗之外，近代曾一度隨著「文學要為政治服務」的鋼鞭起舞。熱潮雖已過去，卻又陷入「經濟掛帥」的漩渦。作家們為追名逐利，選擇寫作題材，不以高雅為前提，而以市場流行為導向。我們只有固守「雅文」的陣地，努力奉獻投入，抵擋來勢洶洶的浪濤，必能重振「雅文」之風，振興國魂。

53 話說文與商

原文摘要

商潮滾滾而來，文潮一時似乎趨於冷落，作為文學工作者，說這話不是自悲道窮，因為這是人皆見之的事實。作為精神產品的文學，詩人的靈感不是靠金錢刺激，感人的文章無法用鈔票訂購。作家是精神的富翁，財帛的貧兒。但真正的經世致用之文，卻只能在甘於寂寞之中慘淡經營，而不是在股票市場「炒」出來的。要搞文學，還是要去掉浮躁，冷眼去看窗外的花花世界，坐得住冷板凳才是。

讀後感

人生的全部，包涵精神與物質兩個層面。精神層面靠文化來滋補和潤澤；物質層面依賴物質營養而存活。人類的文明進化，是由精神與物質相互調適而結合的成果。人類愈文明進步，相互依存的關係愈密切；精神與物質的均衡調適日趨重要。今日的人類世界，物質文明已領先精神文明，而且嚴重的傷害了精神文明，呈現重大的空前危機：如國家、民族、宗教、族群的對立與衝突，強凌弱，眾暴寡，死傷枕藉，難民到處流竄；富者奢侈浪費，逸樂頹廢，污染了人文生態及自然生態，貧病者億萬掙紮在死亡線上；難以控制的新科技發展（如殺傷力難以控制及防範的潛在危機，基因解碼對人類及各種生物的影響所帶來的社會問題），會帶來種種難以預測的麻煩。只有發展長遠前瞻性的「經世致用」的文化，以約制及調適科技造福人類的功能，才是全人類子子孫孫之福。

「話說文與商」，約而言之，只是從事文化工作者與從商者之間的有關問題，究其精義，是攸關全人類的福禍安危。從商者通有無，取有餘補不足，取之於社會，用之於社會，臺灣有不少從商致富者，致力於文化教育及社會福利事業。作家被譽為「人類靈魂的工程師」，應專心致志於精神文明，以淨化人心，使物質文明為精神文明所用，以精神文明為依歸，才有美好人生，美麗世界！

54 關於「模式」

原文摘要

散文是最為自由，最具獨創個性的文體，因而也最容不得任何模式的約束。可惜的是，「後之來者」從愛好而摹擬，竟為效顰之舉。白石老人論畫曰：「學我者生，似我者死。」散文亦當如是。

讀後感

自由自在的「我手寫我口，我手寫我心」胸無罣礙，暢抒所懷，多愜意！何必要找個框框套在脖子上。「模式」即「狀貌」，白石老人論畫：「學我者生，似我者死。」意謂：要領會我畫中的神韻，那是靈感的源頭活水；若只摹倣筆畫的形似，就不會再有精進了。寫詩為文，一旦鑽進別人的「模式」，就會失去自己風格，也就不是自己的創作了。

55「潮」析

原文摘要

商潮日漲，文潮低洄。於是有聰明的作者審時度勢，迎著滾滾的潮頭「下海去也」。文人下海，自然有其道理，或曰「體驗生活」，或曰「以商養文」，「最終還是要回到文學上來的」！祈商潮日漲，促天下富；禱文潮繼起，助人心強！

讀後感

海峽兩岸的作家，境遇有所不同，大陸作家經政府認定，有薪資可領，算是專業作家；臺灣專業作家極少（無薪資），一般所謂的「作家」都是副業作者，所以沒有「文人下海」一詞。寫作兼營商，是為「體驗生活」或為「以商養文」均無可厚非。只要在深入商界後，以宏揚「經世致用」的文化教育為職志，使文潮引導商潮推動全民富而好禮，則兩全其美矣！

56語言瑣談

原文摘要

近讀《羊城晚報》張弓先生《語言也被「玩」起來了！》一文，頗感其議論痛切，觸及時弊。此類現象已非廣東專利，早已北伐過江並打通長城內外了。而且已經蔓延到文學作品，意在賣弄才情，其實是「拿肉麻當有趣」，適足表現出一種無聊的淺薄而已！

讀後感

在臺灣有所謂：校園語言、新新人類語言、歡樂場中語言、黑道語言，往往都搬上電視的綜藝節目，加上搞怪的化裝打板，誇張的聲調動作，使人噁心。有的作者在文中描黑加表白，使人心神難安。語言文字，是人與人之間，表情達意，情感交流的媒介。語言變態，語言失真，是一種語言病毒的流行，應及時預防及治療，文藝作家和演藝人員，更是責無旁貸。

57 說美文

原文摘要

何謂「美文」？美文就是好文章。好文章總是為作者所追求，編者所期待，讀者所喜歡。人世間美的事物，美的情感，虛實真假，千姿百態，怎是一個「好」字概括得了？一切的美，無不附麗於真、善。無論為人為事為文，莫不如此。美文對作、編、讀者都極具誘惑。

讀後感

關於真、善、美與假、醜、惡，我在七十寒暑人生歲月中，也有所感悟。美、醜呈現外形，一見便知；真、假、善、惡，深藏內心，須經時間、事實與智慧的檢驗，才能確認其品質。在流行化裝、整容及包裝的今日，為人為事為文的真、善、美品質評鑑認證，就全靠作者、編者和讀者心中那套精準的度、量、衡！

58說精品

原文摘要

文章需要「精品」。作家應有「精品意識」。衡量精品的尺度是什麼？首要的是文章的「品位」，即其應具備崇高的藝術品格和思想品格。精品難得。或靈感偶至，一揮而就；或慘淡經營，百煉千錘。凡屬精品，都是作家全部智慧和素養的結晶。辭之工拙，實為表象；氣之盛衰，才是神髓。文品取決於人格。

讀後感

「精品」確實難得。作之不易，編選難求，讀之則提神醒腦，全身舒暢，縈迴於心而嚮往之。如唐朝名臣劉禹錫的〈陋室銘〉，全篇共八十一字，言志高潔，述事淡雅，抒情真誠，寫景逼真瑰麗，氣韻浩然。想增減其一字也難。可謂「精品」文章之典範！

59「眞實」初探

原文摘要

真實是散文的生命。惟其事實，才得以顯示作者人格的力量，精神的力量，這是文章成就的基石。固然，「文為心史，得諸於心」，但此處之「心」，只有附麗於「實」，才能煥發生命原本的彩光。真乃善之源，美之根。

讀後感

虛假是人間罪惡之根，禍亂之源。由於虛假易於粉飾包裝，善於迷惑人心。「真實」的本色樸素，難以引起大眾的注意與重視，以致「真實」難敵「虛假」。近來我讀了幾篇得獎的「散文」，也是長篇大論，當「小說」寫，攙假的成分居多，使人有被騙的感受。今日的人文生態，已經到了真假不分，虛實難測，真是人類的悲哀！喚醒人類心靈的覺悟乃當務之急。

60 再說文以載道

原文摘要

此中所謂的「道」，不同的時代，不同的階級自有不同的內涵，但若說「載道」即僵化，即虛偽，實在是一種強詞奪理，自欺欺人的說法，極端言不由衷的。無可否認，我們曾經有過「瞞和騙」的文學，但那不能說是「文以載道」的惡果，而是作家背離了「文以載道」的坦途。「離經叛道」的主張，是要念另一種經，歸另一種道罷了！

讀後感

「文以載道」的這個「道」字，有兩個絕然不同的涵義。以「愛」為出發點的「人道」以互愛互助，共存共榮，以促進世界大同；而以「恨」為出發點，以清算鬥爭為手段，在拼鬥中求生存。身受死裡逃生慘痛經驗的人，就會明白「文以載道」的真義，及其需求的迫切感！

61美文三品

原文摘要

品味美文，有三種境界：一曰「真誠」，二曰「智慧」，三曰「通脫」。真誠之文，樸實無華，心不設防，意出自然，說真話，訴真情，與讀者推心置腹，坦誠相見。此類文章為文中之上品。智慧之文，洞悉人生，明晰事理，敏於發現，以微言而述大義，使讀者如醍醐灌頂，耳聰目明。此類文章，乃文中之精品。通脫之文，通達脫俗，不拘形跡，天賦神韻，不著一字而盡得風流。此類文章，為文中極品。一切文字皆為性情，人格修養自在其中。

讀後感

拜讀浪波先生「美文三品」，使我長懷胸臆的三篇美文，浮現腦海。茲謹摘其精要片段，與讀者同享其「真誠」、「智慧」與「通脫」之美。

亦可見浪波先生，評文論道的真功夫。

一、韓愈「祭十二郎文」：「季父愈，聞汝喪之七日，乃能銜哀致誠，使建中遠具時羞之奠，告汝十二郎之靈：嗚呼！吾少孤，及長不省所怙，惟兄嫂是依。中年兄歿南方，吾與汝俱幼，從嫂歸葬河陽，既又與汝就食江南，零丁孤苦，未嘗一日相離也。吾上有三兄，皆不幸早世。承先人後者，在孫為汝，在子為吾。兩世一身，形單影隻。嫂嘗撫汝指吾而言曰：『韓氏兩世，惟此而已！』汝時尤小，當不復記憶；吾時雖能記憶，亦未知其言之悲也。」默唸至此，眼淚奪眶而出。

二、孫中山先生《孫文學說》自序：「文奔走國事，三十餘年，畢生學力盡萃於斯，精誠無間，百折不回，滿清之威力所不能屈，窮途困苦所不能撓，吾志所向，一往無前，愈挫愈奮，再接再勵……乃得推覆專制，創建共和。本可從此繼進，實行革命黨所抱持之三民主義，五權憲法，與夫革命方略所規定之建設宏模，則必能乘時一躍而登中國於富強之域，躋斯民於安樂之天也。不圖革命初成，黨人即起異議，謂余所主張者理想太高，不適中國之用。此革之建設所以無成，而破壞之後，國事更因之以日非也。回顧當年，予所耳提面命而傳授於革命黨員，而被河漢為理想空言者，至今觀之，適為世界潮流之需要，而亦當為民國建設之資材也。」今日讀之思之，國人辜負中山先生甚矣哉！

三、《戰國策》〈顏斶說齊王〉文，摘其片段：「齊宣王見顏斶曰：『斶前。』斶亦曰：『王前。』宣王不說。左右曰：『王，人君也。斶，人臣也。王曰斶前，斶亦曰王前，可乎？』斶對曰：『夫斶前為慕勢，王前為趨士，與使斶為慕勢，不如使王為趨士。』」

宣王曰：『嗟乎！君子焉可侮哉？寡人自取病耳。願請受為弟子，且顏先生與寡人遊，食必太牢，出必乘車，妻子衣服麗都。』

顏斶辭去，曰：『斶願得晚食以當肉，安步以當車，無罪以當貴，清淨貞正以自虞。』則再拜而辭去。」這篇顏斶荐齊王禮賢下士短文，突顯出王者的風範，士者的風骨，真美文也。

62蘋果的聯想

原文摘要

一本刊物是一片園林，編者作為「園藝師」，為讀者提供「好看又好吃」的蘋果，自是應有之責。但好的果子不只一種，各有各的美色，各有各的美味，讀者可以偏食，他有選擇的自由；編輯不可偏廢，他無自專的權力。刊物要奉獻新鮮的、成熟的、色香味俱佳的蘋果。作者是蘋果，刊物是園林，讀者為食客。蘋果的優劣，最終還是要「食客」品評，他們才是真正的「上帝」！

讀後感

依我觀察所得的淺見，食品市場和文化市場的「上帝」已經瘋狂了。前不久，臺灣有位演藝人員，在香港開了一家「蛋塔」餅店，憑其高知名度的廣告宣傳，及許多名人的捧場，一開張就轟動遐邇，供不應求，要半個月前訂貨，才能嘗到它的美味，價格高得嚇人。據吃過的人事後冷靜地說，味道稀鬆平常。言下之意，有被騙的感覺。食品市場和文化市場，流行一窩蜂，社會大眾樂此不疲。尤其是醫藥廣告，害死了不少人，病人還是前仆後繼。編者提供讀者的「精神食糧」，須顧及其營養與健康，又要考慮到報刊的生存與發展，任重而道遠，身處兩難之間，要兩全其美，真是談何容易。思念及此，我對傑出的編者，油然而生敬佩之忱。編者才是文化市場的「上帝」。但潮流所趨，上帝也徒呼奈何！

63 自說自話

原文摘要

一位頗負盛名的散文家，在談及他的寫作經驗時，說：「作文亦如處世，不隨人俯仰，人云亦云，只求自說自話而已。」他好一個「自說自話」！此語看似平常，實則於不經意中道出了文章成功的奧秘。清人潘德輿云：「先取清通，次宜警煉，終歸自然，詩之三境也。先愛敏捷，次必艱苦，終歸大適，學詩之三境也。」自說自話，不是妄言、狂言或危言。文章言之有物，言之成理，非虛幻的空靈洒脫。

讀後感

寫散文能「自說自話」，呈現其本色本性，必先修練成一身「真功夫」：臨萬事萬物的動態，即心領神會，洞察底蘊，方能款款而談，言之成理，筆之成文，非浮誇之輩可及也。

64 俗與脫俗

原文摘要

文章倘要脱俗，無妨先俗一點。此處所謂的「俗」，不是庸俗，而是凡俗。庸俗者，平庸卑俗，有失高尚，為人為事為文皆不足取。而凡俗則是平常心境，是平常性情，不矯不揉，天然素樸，其為人則人和，為事則事與，為文則文章曉暢練達。倘能如此，可知庸俗之決不可有，凡俗之斷不可無也。

讀後感

俗話説：「積習成俗」，「良俗」，「惡俗」，都是積習而成。芸芸眾生，可概略分為「庸俗」與「凡俗」兩大類型。庸俗者：追逐名利，沉迷逸樂，渾噩愚昧，得過且過。凡俗者，以平常心，做平常事，自助助人，先盡義務，後享權利。為人行事寫文章，皆如是也。以作家自許者，應跳脱「庸俗」，進入「凡俗」！

65「淺」說

原文摘要

「深沉」固佳。但故意作出的深沉，著實令人生厭。這樣深沉的文章，這樣深沉的人物，還是少一點兒好！膚淺當然不好。而清淺，則是親切的，可愛的，討人歡心的。清純而淺近，這就是一種坦誠，一種直率，是一見鍾情的會心一笑。善深入者，必尚淺出。

讀後感

當下新流行的詩文，深固難解，淺亦費思，像在玩文字遊戲。文學的本義，是陳述真情實事，說明道理，溝通情感，化解誤會，增進諒解，形成共識，以謀共同的福祉，相互傳承而成文化，並與時俱進，存優汰劣，增長補短，生生不息。使世世代代，各得其美，各享其樂。這就是我執筆為文時的心意。別無計較與顧忌。

66作者與讀者

原文摘要

作者以寫作為業，倘寫出佳作，拿來發表，便是把一顆心捧給讀者，以期引起同情、理解、感動與共鳴。凡是真誠的文字，總會遇見知音。一本刊物，更像是作者和讀者的「友誼廣場」刊物暢銷，是作者的成功，使讀者受益！

讀後感

作者、編者、讀者，三位一體，即呈現人文生態的狀貌。世風日下，人性墮落，與作者編者、讀者，都脫離不了關係。作者以名利為出發點寫文章，以迎合讀者口味為導向；編者選稿以刊物的營利為目的；讀者以獲得一時刺激的歡樂為取捨；三者相激相盪，形成今日文學的「新潮流」。為人類的前途幸福安樂著想，作者、編者、讀者，對自己的生涯規劃，應好自為之，不能逞一己一時之快！

67 新年話舊

原文摘要

日常人們所趨的新潮，未必都是新的；而許多屬於歷史的舊物，也難說皆為陳舊。溫故可以知新，鑒古可以識今，「不薄今人愛古人」，優秀的歷史長河，是任何力量也截不斷的。不知其源，焉識其流？新年話舊，意在促新。

讀後感

商湯的盥洗盤上，刻著：「苟日新，日日新，又日新。」的銘文，警惕自己與國人，要不斷地革新，以求進步。時代的巨輪，循著歷史的軌跡，駛向無涯的宇宙，繼往開來，推陳出新。新的不一定都是好，歷史上許多暴政，使民不聊生，都是好大喜功的暴君所玩的新花樣所造成！推陳出新是擇善固執以求新，不善者無論新舊一併丟棄，才是人類求生求福之道，為文者亦當如是！

68學點技巧

原文摘要

人們把「思想、生活、技巧」看作文學作品成功三要素，確是至理。所謂「文無定法」不是對文章法則的一概否定，而是說「活學活用」。其要義就在於「熟讀」，對技巧的心領神會。欲破法度，先知法度。這是一個循序漸進的過程。「在寫作中學會寫作」了。離開實踐，任何高明的理論都是空的。「技巧」亦然。

讀後感

我生性愚魯，從小健忘，還有點倔強，不肯認輸。我喜歡的詞句篇章，一定要強記背誦，左思右想，咀嚼消化，使之進入血脈思緒中。有些十歲左右熟讀的詩文，至今仍會悟出新意。笨人的笨方法，就是多讀，多寫、多思考，「技巧」會油然而生，我是別無捷徑。

69立　意

原文摘要

作文如同作畫，著筆之前，先須立意。東坡嘗言：「畫竹，必先成竹於胸中」。這「胸有成竹」的掌故，實為一切文藝創作的基本法則。意即主旨。大千世界，莽莽宇宙，「寫什麼？怎樣寫？」作者必須有所棄取，有所選擇。作者對於客觀事物的理解、領悟與認同。立意是衡量作者思想和藝術水準的標尺。

讀後感

「意」是文章及一切作品的靈魂。當下流行「創意」，也就是說，我的「意」要與別人不同。「創意」是推陳出新，別人好，我要比他更好。不是標新立異，走入旁門左道，誤導眾生。現在的詩也好，文也罷，很多的「創意」，使新新人類意亂情迷，以致迷失了人生方向。「立意」要誠、要善，才能寫出好作品。

70 大小之辨

原文摘要

鼓吹一番大散文，近日忽然悟出，通常所說的大散文，實由形形色色小散文組成。散文百家，雖題材、風格迥異，但並無大小之分。大江大河之大，是因其「不擇細流」；大海大洋之廣，是因其「吸納百川」。大山脈、大草原、大森林也各有豐富的內涵，不僅是一個空的概念。有大胸襟，大視野，大器量，然後自有大手筆，自有大散文。以「大家」自詡，適足暴露「小家子氣」。

讀後感

大與小是相對的。所謂「其大無外，其小無內」。大不見得好，小不見得不好。大而美與小而美，一樣討人歡喜。大而浮誇，小而鄙陋，同樣惹人嫌。作家能察微知著，表達得體，則大小皆宜；大中見小，小中見大，兼美矣！

71「掉書袋」小議

原文摘要

開口某經，閉口某典，專意炫耀學識的詩文，「無實事求是之心，有譁眾取寵之意」，這樣的「書袋」，還是不「掉」為妙。學問要自己消化，典故要用得貼切，文章才能典雅而又鮮活。書要活讀，典要活用，這是必須下真功夫，有真學問的。讀死書，用死典，終歸是走入八股一途。喜歡「掉書袋」的朋友，理應以此為鑒。

讀後感

引用「經典」像釀名酒，要經過一定的發酵期，再經蒸餾提煉，裝入容器，儲存愈久愈香，得其時，得其所，取出饗宴賓客，開瓶即芬芳四溢，賓主盡歡。倘將「經典」囫圇吞棗，未經消化吸收，就吐出來擺一擺，那樣的「掉書袋」腐臭味，會使人作嘔。

72 根　說

原文摘要

說起根來，自然會記起根本、根源、根底、根基這樣一些詞語。「歸根結底」，文學植根於生活，於泥土，於社會，於大眾。文學之根，當然離不開作者的生活與學識的積累，思想與學術的磨練。自謂風流儒雅的才子們，以為只憑天分和靈感便可向壁虛構，一不小心弄出一部《紅樓夢》來，只是空想而已。本固枝榮，根深葉茂。培土益厚，植根益深。願以此與諸位作者共勉。

讀後感

句句實話，真乃金玉良言。回顧古今，環顧中外，因擇根不慎，植根不當，葉茂枝繁，結出來的卻是有毒的果實，災難正在蔓延。選中華文化之根，以儒家的仁愛栽培法，才能使地球村的人文生態，欣欣向榮，生生不息！

73「老去詩篇渾漫與」

原文摘要

杜甫詩云：「為人性癖耽佳句，語不驚人死不休。老去詩篇渾漫與，春來花鳥莫深愁。新添水檻供垂釣，故著浮槎替入舟。焉得思如陶謝手，令渠述作與同游。」此中「漫與」一語，歷代注者多有疑問，甚至以為「漫與」乃「漫興」之誤植，實在是有違老杜本意。

讀後感

詩聖這首抒懷遣興詩，浪波兄為其中「漫與」一詞及全詩意旨，引述陶淵明、謝靈運、司空圖、辛棄疾等諸家詩詞加以解析。李商隱的《錦瑟》，千年以來，也有諸多議論。使我想起，孫中山先生在《孫文學說》「以作文為證」裡說：「如能用古人而不為古人所惑，役古人不為古人所奴，則載籍皆似為我調查，而使古人為書記，多多益善矣。」浪波先生可謂是孫先生的知音。

74 實話實說

原文摘要

一切樣式的文學作品，無不緣於一個情字。真情最能撥動人的心弦，真誠的文章不用什麼高超的技巧和華美的辭藻，只要你一顆誠摯的心，不加任何修飾地實話實說。並非一切的實話實說都是文學。

讀後感

「實話實說」有難處，也有忌諱。可避而不說，以免惹禍上身，殃及旁人。在百無禁忌，可實話實說的時空下，「實話吐真情」，以寫出「靈動之文」應是作家的職責所在及追求的目標。在實話假說，又不敢不說，非說不可的年代裡，作家的處境令人同情，在閱讀他們作品，應從不同層次，不同角度以求索解，為他們解禍脫困，是讀者功德，也是編者的智慧。

75 異軍不異

原文摘要

近來文壇的一個可喜現象，是一批頗有成就的詩人執筆為文，「殺入」散文界。有人說這是「異軍突起」。一位卓越的散文家，其筆下也應有好詩。散文與詩是相互促進的。詩人們走出空靈的詩的沙龍，在切近生活的散文裡沾一點泥巴，說不定是詩歌振興的福音哩！

讀後感

寫詩為文同樣是為言志、述事、抒情，只是詩與文表達的方式不同，感受的領域有別而已。詩與文同源同理，同為文化生命的延續，人文生態的表徵。但是，詩與文隨著時空的演化，新潮流的衝擊，當下詩現衰落，文有異狀，值得詩人和作家們深切省思，以預防其「基因」突變，而面貌、體能與思維全非矣！哀哉！

76 雅的隱憂

原文摘要

筆者曾有「散文尚雅」之說。尚雅自然不錯，自有美的追求在內。就說《詩經》罷，其中的「十五國風」誰能否認那是極其通俗的民歌民謠？又誰能否認它是中國詩歌的經典？一旦落到「詩人」手裡，又是「四聲、八病、對仗、平仄」，一步步地雅了起來，雅而又雅，雅成一幫文化人的專利，完全徹底地脫「俗」。可惜在「文革」時期，被曲解為「砸爛一切」的口號。現在是為其「正名」的時候了。

讀後感

「雅俗共賞」一詞，我思之再三，認為是雅中有俗，俗中有雅；雅士欣賞其雅，俗人愉悅其俗，各得其樂。無論詩文，已達這種境界，不算極品，也是佳作！今之所謂「雅」，雅得令人費解，作者只顧自說自唱，自吹自擂，怎不令人厭煩隱憂!?

77 關於命題作文

原文摘要

平生最怕命題作文。大凡一篇好的文字，都有其靈性，所謂「十月懷胎，一朝分娩」，孕育乃是一個鮮活的生命實體。仔細探究作文的規律，題目之下對於主旨的規定性。一個優秀的作家，在「命題」之下會打破桎梏，另闢蹊徑，但那往往是反客為主的借題發揮，已經跳出既有命題的「三界」之外了。

讀後感

臺灣有個名為「三月詩會」的小小詩人團體，成立六年餘，由七、八人漸增至二十餘人。沒有組織規章，自由進出。每月聚會一次，輪流擔任召集人，出下月創作詩題，從未間斷，已出版四本同仁詩選集。聚餐、品茗、論詩，歡聚一堂，雖是命題作詩，卻能各抒所懷，跳脫「三界」之外。都說在「三月詩會」的快樂歲月中成長成熟多了。

78 從短說到小

原文摘要

我們提倡短文，其本意也並非「好必短，短即好」，為短而短，而是期望文章千垂百煉，精益求精。長短不是衡量文章優劣的標尺。我們所以呼喚短文，是因為時下精短之文少見，且往往無端遭受白眼之故。短中有長，短中有大。短文不是一例的「豆腐乾」，更不能一見短文便嗅出「小家子氣」。

讀後感

當民國六、七十年間（一九七、八十年代），臺灣政治、經濟、文化突飛猛進的腳步聲中，中央日報副刊常年刊載千字左右的「方塊文章」，是我必修課業，讀時圈點眉批，讀後剪貼珍藏。作者如仲父、聞見思、鳳兮、晢還等不下數十家。無所不談，短中見大，見微知著，不偏不倚，有情有義，娓娓道來，如坐春風，使我成為中副的長期讀者。

79 想到齊白石

原文摘要

藝術規律是相通的，欣賞這位國畫大師的作品，眼前不僅僅是一幅幅鮮活生動的「畫」，更進而聽到畫外之「音」，悟出畫外之「境」，才算是真正讀懂了齊氏的筆墨。散文藝術，是一種「綜合藝術」。散文之「散」在其廣收博採，納百川而成巨川，集眾長為己之長。

讀後感

齊白石先生，初習雕木刻竹，展露才華，繼從名師學畫，兼善花鳥蟲魚，山水人物，又精書法、刻印，勤讀古文詩詞，可謂是文學藝術界的全能大師。其勤讀博學，觸類旁通，集眾家藝術精華之大成，真乃稀世奇才，非人人學之所能及。誠如浪波先生所言：散文是一種「綜合藝術」。散文作者不能樣樣精通，也應廣為涉獵，知其概要，才能「散」得開來。

80 也說經典

原文摘要

什麼是經典？無須權威解釋，大凡稍有文史常識的讀者，心裡都有一本賬。隨手塗鴉而自奉經典，正如同活著的人，自建祠堂，自立墓碑。看今天文壇，忽而「先鋒」，忽而「魔幻」、「現代」「後現代」、「寫實」、「新寫實」，扯出一面大旗，便有一部或多部開山經典，便有一位或多位啓蒙大師。

讀後感

經典之作，要經過時間的洗禮，先知先覺者精心提煉，能滋養萬物，安邦濟世，不是一個風潮，一陣驚濤駭浪吹打出來。在幾面大旗下產生的經典，摧毀萬物，傷害蒼生，世間的罪惡，人類的災難，由之而起，隨其而興，證諸歷史，事實俱在。慎選經典，人人應敞開胸懷，放大眼光，精挑細看，然後典藏，寧缺勿濫！

81 從假唱說到假寫

原文摘要

所謂「假唱」，據說是放錄音，對口型，演唱者似乎在賣力地唱，但只是在台前虛擬動作。而散文的「假寫」就不同了，把假的當成真的，還要寫成文章，這不是憑空編造嗎？主題先行，信筆杜撰。真寔是散文的生命，無不植根於真實的土壤。散文家執筆為文，面對萬象紛繁的社會人生，可以概括，可以提煉，可以形容，但切不可失真，更不可以假亂真。

讀後感

在我的閱讀經驗中，當時的作者，以生花妙筆，精誠感人，信以為真，事後證實全是虛假，但為時已晚。目前的文化市場裡，假貨充斥真偽難辨，一些熱情的青年們受騙而不自知，這是人文生態潛在的危機，有血性良知的散文作家們，請各憑本能，克盡一份天職吧！

82 爲「慷慨悲歌」一辯

原文摘要

「燕趙自古多慷慨悲歌之士」，說起燕趙文化，自然而然地又搬出古人這句話來。燕趙之地由「邊陲」而為「近畿」，但是，燕趙文化並未因此而失去自身的特性。燕趙文學「魂」之所在，它是在這塊古老的土地上生成的勇毅精神。大地不老，精神長在，因為它已溶進我們的血脈。

讀後感

燕趙文化，培養出許多「慷慨悲歌之士」寫下中華民族的輝煌歷史，建立中華文化的穩固根基，繁衍綿延，擴大成一幅美麗的「秋海棠」版圖，成為中華盎盎大國。中國人的二十一世紀即將來臨，世界和平，人類幸福的重責大任，都擯在中國人的雙肩上。同胞們！我們要以慷慨悲歌的大無畏精神，完成歷史所賦予我們的任務！

83 文無定法試解

原文摘要

宏觀的看某位大師的成就也好，微觀的看某篇作品的成功也好，有眼光的批評家總是把個性（獨創性）放在第一位的。既不俯仰於人，又不自閉於己，是作家藝術家成熟的標誌。明乎此，則知「以無法生有法，以有法貫眾法，別開生面，實為文藝創作成功的通幽之徑。文無定法，不是沒有法，不要法，而是無一定之法——這便是文章的「基本法」。

讀後感

「文無定法」是鼓勵作者，不要死守某一「定法」、「定規」，依樣畫葫蘆，不去發揮自己個性與創意，以求精進，再造化境。跟別人一步一趨，和別人同鼻孔出氣，終會走入死胡同。文藝創作，要取眾家之長，經自己消化合成自己的新產品，展露風華，溢出芬芳，才是應走的門徑。

84 勿忘「我」

原文摘要

畫也好，書也好，詩也好，文也好，既為創作，受之於「天」（客觀），操之於「人」（主觀），歸根結蒂，還是要「我之為我」，還是要表達獨特的藝術個性。有「我」在，才是創造，才是藝術；無「我」在，只能是摹仿，是複製。大師和匠人的區別，根本在此。

讀後感

勿忘「我」，是鼓勵創作者，將自己的智慧、才能與精神，全部投入自己的藝術創作中，並在作品中呈現出自「我」。另一方面，勿忘「我」，要創作者有「自知之明」，不是人人都能成為「大師」而沉醉於「大師夢」自不知趣。「大師」級人物少之又少。孫中山先生，將人分為先知先覺者，發明家；後知後覺者，宣傳家；不知不覺者，實行家。我是站在實行家的立足點，向宣傳家的領域探索前進，再仰望發明家的情景而心嚮往之，雖不能至，無怨尤，亦無遺憾。

85重提「一本書主義」

原文摘要

五十年代中期，前輩作家丁玲在一次對青年作者講話中曾提出「一本書主義」，正如「黑貓白貓，捉住老鼠就是好貓」一樣，這句形象的話，明確無誤的是在強調作家在創作中要有質量意識，精品意識。可悲的是，這一正確的、符合文藝規律的、具有遠見卓識的口號，在不久之後卻被曲解為「蠱惑青年追逐名利」的「資產階級右派言論」，大張撻伐達二十餘年！此文壇一場公案，今日想來，真令人匪夷所思。「一本書主義」不是要求作家一輩子只寫一本書，就此「功成名就」，載入史冊。是應當重提「一本書主義」的時候了，是應當大聲疾呼質量意識和精品意識的時候了。「沒有數量就沒有質量」，「沒有質量的數量」於事何補？於世何益？「一本書主義」既是一個普通的口號，又是一個戰略性的口號。

讀後感

著書立說，對個人而言，是立言、立德、立功，能得現世利，又可揚名後代，光宗耀祖；對社會、國家及全人類而言，能教化群眾為人處世之道，經世濟民，解貧脫困，福庇子孫。放眼古今中外，「一本書主義」，有說不完的故事，唸不完的「經」。在此只能長話短說，深理淺談。據說，古今中外發行量最大的兩本書：第一本是新、舊約《聖經》，第二本書是《毛語錄》。《聖經》出版傳世期，長達千百年；《毛語錄》狂飆行世，僅二、三十年就直逼其後。這兩本「經典」立意，都是「救民濟世」，為全人類造福。《聖經》傳遍全世界，「世界末日」的恐懼感與日俱增，《毛語錄》人手一冊，日夜不離口背誦的年代距今不遠，功過自在人心，不必費詞。浪波先生重提丁玲的「一本書主義」，我體會得到他心中的無限感傷。而今鼠輩肆虐人間，鼠疫大流行，有賴我們的作家們，多飼養些會捉老鼠的「好貓」，推行大滅鼠運動，才是人類未來的寄托！

86由畫外之境說起

原文摘要

凡是優秀的畫家，不期「完美」而重「獨到」，棄其繁，取其簡，把廣闊的想像天地留給讀者，音樂的弦外之音，詩文的言外之意，所說的都是這個道理。實為一切藝術創作者理應置諸座右的箴言。當然，要恰到好處。不求周全，但求得當。分寸感是極為重要的。

讀後感

「恰到好處」是畫畫、寫詩、為文的「高標準」，也是為人處世的「中庸之道」。而當代流行的藝文創作，多為激情之作；為人處世也趨向火辣辣的味道。只有生性平淡的人，才能泰然處之。「恰到好處」是作者與讀者雙方所發出和諧而優美的韻律，是藝術作品和藝術人生的最高境界。作家和讀者才是營造這種境界的推手。

87「信、達、雅」別解

原文摘要

清末翻譯家嚴又陵先生曾為譯文定下「信、達、雅三字標準，此說延續百年，一直為譯界推重。由翻譯想到創作。如果換一個角度來看，「信、達、雅」的標準，實在也是衡量文章成功的基本原則。夫信，忠於生活；達，通順曉暢也；雅，斐然文采也。一篇優美的散文，無論敘事與言情，難道不應該是這樣的嗎？

讀後感

以「信、達、雅」三原則，來評鑑或篩選翻譯和創作的文章，的確是個好方法。「達雅」形於文字表面，行家品評一看便知；「信」則藏於骨子裡，非經透視檢驗難明真象。有些宣傳性作品或廣告文章，「達」則達矣，「雅」則低俗，「信」只能說是半真半假。當下文化市場上的文藝創作，能達到「信、達、雅」標準者，算是「珍品」了。

88 話說名人

原文摘要

現在的「名人」也真多，只要你參加一個什麼會議，聽主持人介紹「著名作家某某」，「著名詩人某某」，「著名評論家某某」。筆者近年來收到那麼十來件有關「名人錄」的邀請函，始終沒有敢把自己「撰文出售」。老老實實地做人，老老實實地作文，不自我膨脹，也不聽別人吹捧，這才能真正找到自己的「位置」。

讀後感

在經濟和文化市場，我都是個低消費者。為生理需要，我在家吃粗茶淡飯，個人出門吃路邊攤，不穿名牌及流行服裝。為精神需要我長期訂一份喜歡的報紙，或到圖書館閱讀書報雜誌。自費出了幾本小書，只想表達自己的思想與理念。因為我在文獻上看到過眼雲煙的「名人」太多，也看到不少留芳百世及遺臭萬年的「名人」。「名」對我來說沒有誘惑力。

89 再說名人

原文摘要

寫了一篇關於「名人」的短文，想不到招來一番議論，贊之者曰：「痛快淋漓」，非之者謂「執拗偏頗」。其實對於自己的文字，我還是「啞巴吃餃子——心裡有數」：既無匡正世風之心，更無廓清文壇之志，只不過就事論事，說幾句心得罷了。君子愛「名」，取之有「道」，要相信廣大讀者，只有他們才是知音。

讀後感

在聽口號行事的年代，只要得「主子」歡心，就會一舉成名；但經不起時間考驗，樹倒猢猻散，英雄變狗熊，只落得一個罵名。在一個開放的大環境裡，雖然事關名利是非多，實至名歸，歷史會為你作見證，才能垂諸永久。想盡辦法，吹個亮麗的肥皂泡沫現一下，會得意一時，而悔恨一生啊！

90 「不知深淺」說淺深

原文摘要

讀書作文，切忌好為人師！真正把學問弄通，把生活參透，悟出前人未知的道理，寫出一些別人未曾寫出的文字，該是「談何容易」！品評詩文，玩味詞曲，自然也會得出膚淺與深刻兩種不同的感受。何者謂深？何種謂淺？若仔細考究，要定出一個統一的標尺實在也難。

讀後感

我以自己的閱讀經驗，説出一點看法：深入淺出謂之深，淺入深出謂之淺。我十四歲那年讀孫中山先生演講三民主義全文，及其所著《孫文學説》和《實業計劃》雖是一知半解，卻使我非常感動，而成為中山先生的忠實信徒。以後每讀一次都有新的領悟。隨世界局勢的惡化，愈覺中山先生思想學説的重要與必要。我讀過不少闡述孫先生學術思想的文章，無一能出其右，其中有些作品使人越看越迷糊。

91「這個」與「那麼」

原文摘要

五十年代，人們在講話時愛用「這個」。年齡漸長，見識漸多，才知道這是一種「語病」。九十年代社會進步了，「這個」退位而「那麼」登場，又是一種新的「語病」。說話如此，作文亦然。五六十年代，「大我」流行，物極必反，「大我之後，又把」「小我」的文章奉若神明，抒發個人情緒才可表達「生命意識」，看似新潮，其實也是一種新的病態而已。

讀後感

「小我」生存於「大我」之中；「大我」由「小我」結合而成。相互依存，這是人類文明進化的軌跡。人類世界愈文明，互相依存愈密切。在那「大我」專橫暴虐與「小我」頹廢自棄的表現，都是人類史上一幕幕悲劇。「人人為我，我為人人」，「盡義務而享權利」應是「大我」與「小我」互動的規律！政治界和文化界的領袖們以為然否？人類的禍福，就掌握在你們的手裡啊！

92多副筆墨與一副筆墨

原文摘要

有論者言：一個作家要有多副筆墨。又有論者反駁，一個作家只能有一副筆墨。兩種觀點，截然相反，但深究之，所謂筆墨，實有大小之分。從大的方面說，一個作家風格的形成，是以一副筆墨為基礎，多而雜，反失其獨到；從小的方面講，一個作家要不斷出新，或高昂，或低徊，或濃烈，或淡遠，每一篇章用筆用墨自應不同。兩者都有道理只是著眼點不同。

讀後感

以一副筆墨凸顯其人格思想的莊重與誠信；以多副筆墨描繪其生活修為的多采多姿。因為一位有政治性格的作家或文藝作家，不能總是板起面孔說教，也不能一味地嬉皮笑臉討人喜歡。莊重中現詼諧，笑顏裡含端莊，才是一位平凡而風雅的正人君子，才能寫出移風易俗，濟民救世的好文章。

93「講眞話」

原文摘要

作文沒有秘訣。「如果非說不可，只有三個字：講真話！」毋庸諱言，我們曾經經歷不准講真話的時代，曾經一度「以革命的名義」，把良心當做資產階級批倒批臭。「避席畏聞文字獄，著書都為稻粱謀」。美麗的假話易講，樸素的真話難說。因為「講真話」是要有勇氣的，許多先賢曾為此付出生命的代價。

讀後感

在那沒有「講真話」自由的年代裡，被惡徒牽著鼻子興風作浪，講假話去整死別人，是為保護自己。有勇氣及道德良心者，寧死不屈，為別人犧牲，他們是人間神聖。那整死人的魔王，人人可得而誅之！在有「講真話」自由的今天，卻有些作家不願「講真話」，卻要以謊言去贏得掌聲、名位及財富。這就是某名作家所說的「劣根性」吧？

94冷眼看「隱私」

原文摘要

一些市井小報炒得沸沸揚揚的《絕對隱私》及其同類作品，總覺得有話要說，如「骨鯁在喉，非吐不快」。「文革」時期的「早請示，晚匯報」，「狠鬥私心一閃念」，以及花樣百出的「交心」活動，便是捕撈隱私的一張極其細密的羅網。《絕對隱私》一類的文章作者，把他們的產品推向讀者。利也賺了名也收了，張揚他人隱私，跡近盜賊銷贓。

讀後感

浪波先生，秉《春秋》之筆，撻伐「盜賊銷贓」揭發《絕對隱私》的作者，大快人心！希望讀者別花錢去買那些或真或假而無益於進德修業及身心健康的作品，使其無法銷贓，自行戢止。我誠懇地向讀者推荐一本揚善鉥惡的《民間故事選刊》是河北省文聯創辦的，讀之使人心情愉悦。其中〈名人名言〉及〈心靈短語〉可提神醒腦。我受益之餘，特向讀者做見證推薦之。

95 戲說包裝

原文摘要

既入市場便是商品，既是商品就要銷售，既要銷售就得包裝。影劇為「票房」包裝，書刊為「發行」包裝，歌星笑星為「發燒友」包裝。包裝也就成為一種時尚，一門顯學。文學作品不同於一般的商品。真善美的文學藝術是人類心靈發出的智光「巧笑倩兮，美目盼兮，素以為絢兮」，三千年前的民歌謠，可謂道出藝術欣賞的三昧。濫施脂粉的包裝，近乎蒙騙。

讀後感

任何商品，虛有其表的包裝，只能矇騙顧客於一時，價廉物美，才能扣住顧主的心。文學藝術是良心事業，有賴作家、編者、出版家和書商，聯手同心，選優汰劣，經營廣大的文學園地，使繁花似錦，滿溢芬芳，與遊客共同享受人生。

96 說慢功

原文摘要

某君半月寫成二十萬字的長篇，某君一年編就六十萬言的文集，其「出手」之快，真可謂「下筆千言，倚馬可待。」文學作品的「不可重複性」，要求作者珍惜自己的素材，珍惜獨到的創見，寧下「慢功」而不做「快手」。

讀後感

寫文章的快與慢，雖然與作者個人的才思有關，但與所寫文章的性質也有關係。寫新聞稿或專欄特寫，必須按時交稿，只求內容充實，文句流暢即可，由不得你仔細推敲，慢功出細活。如果是寫長篇小說或選編大部頭文集，是急不得的。我說三句俗話，供作者先生參考：「忙中有錯」、「欲速則不達」、「十次車禍九次快」。想揚眉吐氣，就要拿出「珍品」給讀者欣賞，以贏得掌聲，樹立好口碑。

97 冰心的散文觀

原文摘要

冰心先生嘗言：「散文是一種隨筆，不要為寫散文而寫散文」。此話看似平常，實在言近旨遠。讀冰心散文，最突出的感受便是他那獨有的真純，「我就是我」，沒有半點兒矯揉造作。隨筆之「隨」不是隨意，而是隨緣。

讀後感

冰心先生的名作之中《寄小讀者》，我就是她的小讀者千萬中之一。那時我才十歲，童稚無知，就感受到她文中溢出的親切與溫馨。一九九九年七月四日，中國人民大學趙遐秋教授，在臺北「兩岸女性詩歌學術研討會」上發表論文，列舉冰心先生的名言：「有了愛就有了一切。」她的著作中充滿了大愛。遺憾的是，她的後半生，在充滿恨的大環境中，受盡折磨，抱憾以終。只在改革開放後的瞬間，看到她生命的迴光返照。

98 散文不可虛構

原文摘要

散文不可虛構。某小説家稱他的散文是用小説手法虛構而來，其實，照我看他寫的是「散文體小説」，而非通常意義的散文。小説可以「做」，戲劇可以「編」，而散文必求生活與思想的絕對真實性。散文世界海闊天空，其中盡可容納作者的道聽途説，野狐談禪，但歸根結蒂還是借以表達自己的見識，是「真我」的現身説法，而非「假我」的演義故事。脱離真實性的散文，説深了，實為一種「偽文」。

讀後感

將「散文」與「小説」的「基因」合為一體，孕育出「變性的散文」及「變性的小説」，大概就是所謂的「突破」與「創新」吧？據生物界傳出的訊息，將來改變人類的「基因」可繁殖出「兩性合體」的人，果真如此，將成個什麼樣的世界？潮流所趨，奈何、奈何！

99 且慢「化」來

原文摘要

早在幾年前，曾有人發出「作家學者化」的呼籲，近見報端，又有號召「學者作家化」的文章。論辯兩方，廣徵博引，言之鑿鑿，各有各的例證，各有各的道理。兩「化」之說，殊途同歸，都是為了創作水平的提高，文學事業的繁榮。作家是「從事文學創作有成就的人」。學者自應為「在學術上有成就的人」。奉勸各位賢哲，還是各安其位，守住自己，且慢「化」來。

讀後感

「作家」，「學者」各有專業，各有專精，多由先天秉賦與後天的際遇所使然。想為「作家」的人，未必會當上作家；想做「學者」的人，不一定能成為學者。作家與學者是由自己的ＩＱ與ＥＱ相結合，再「隨緣」、「隨化」而成，別人是「化」不來的。

100 回歸「白話文」

原文摘要

時下談文論藝的文章頗多，諸如「先鋒」、「魔幻」、「寫實」、「新寫實」、「現代」、「後現代」，以及「××文本」、「××語境」，種種主張，花樣翻新，都是深之又深、玄而又玄的絕妙文章。有論者已經斷言「白話文時代早已過去」。「白話文」雖是老生常談，但它的為文準則卻是常談常新。

吾以為今日而言文學改良，須從八事入手，八事者何？一曰，須言之有物。二曰，不模仿古人。三曰，須講求文法。四曰，不作無病之呻吟。五曰，務去濫調套語。六曰，不用典。七曰，不講對仗。八曰，不避俗字俗語。是五四文學革命先驅者之一的胡適先生，於一九一七年所作〈文學改良芻議〉一文所言。所謂白話文，當然是指用白話寫成的文章，是與「文言文」相對而言的「語體文」。回歸白話文，不求「八事」俱全，只「

須言之有物」，從海闊天空的宣言回歸現實生的土地。苟能如此，則可望文風正焉，作者成焉，讀者幸焉。

讀後感

文字是人類文明進化的起跑點，聯字成句，以聲音從口中表達出來，成為人際之間溝通思想、情感的媒介；又集句成文，相互傳授，是為文化的起源。世界上的文明古國，巴比倫已沉入歷史，埃及貧窮落後，只留下金字塔供人憑弔。我中華民族，書同文，車同軌，踵事增華，語言文字與時俱進，成為人類世界現存唯一的文明古國，語言文字之功不可沒。由於地廣人眾及時空流變，文、言分道，方言複雜，成為中華文化繼續發揚光大的障礙與阻力，乃有「白話文」（語體文）的興起。半世紀以來，大陸地區推行普通話，臺灣地區推行國語，使語文合一，使中華兒女通用同一種語言文字，暢行無礙，建立奇功。

從一九九三年至一九九九年，我四次至大陸訪問旅遊，東至哈爾濱，西至烏魯木齊，再穿越四川盆地，順長江而下，暢遊武漢及華中各地，接觸到各民族、各階層人士，閱讀過社會科學及自然科學書刊，沒有發生語言文字方面的困難。白話文使語、文合一，是凝聚各族群對中華民族的向心力，發揚中華文化及開創國家前途的原動力。我這個匆匆過客，也發現白話文有變形變質的跡象。經過浪波先生在〈回歸「白話文」〉中深入剖析，才知那是中華文化潛在的危機。

浪波先生是位資深的文化工作者，沉潛於發揚中華文化，執著於他的使命感和責任心。他在《文譚百題》中，對當下文壇時弊，就其所見、所聞、所感，盡情傾吐以盡言責。最後，他以〈回歸「白話文」〉作為總結，他的苦心孤詣，我想讀者是感受得到的。

各強國語文，已隨著經濟發展在攻城掠地，並以「國際化」為號召。英（美）語文和日本語文，已步步向我們逼進，擁有世界人口四分之一的中國人，怎能不重視自己的語文呢！

後記

文學脫離不了人生，人生脫離不了群眾。我這三本小書，都是書寫人生百態，反映社會現象。為了使讀者看得清楚明白，了然於心，知所惕勵，我的詩文幾乎都是白描（包括以前出版的詩文集），實話實說，真情實寫，直抒胸臆，沒有戴上厚重的「意象」面罩，也不塗脂抹粉，忸怩作態以迷人，這是我的堅持。

我的堅持，是受了國父遺教的啓發。我十四歲那年，拜讀了《三民主義》、《孫文學說》、《實業計畫》這三本大書，而成為國父孫中山先生的信徒，至今整整六十年。此其間，世局的變化，社會的轉型，人性的墮落，與國父的理想背道而馳，相去日遠。為實現國父理想而奮鬥犧牲的賢能之士，不知凡幾，我何許人也，小小的堅持，只能表達我的一點真誠。

我出版的八本書，有六本是「文史哲」出版的。像我這些不迎合新潮流的作品，只有像彭正雄先生這樣的出版家才肯出版。我在此向彭先生表達敬意與謝意。畫家黃錦星先生，為我的三本小書提供精美的三幅封面畫，寓意深切，使本書倍增光彩，我謹在此向黃先生深致謝忱。